Alfo[illegible]a

# *re*matrimonio

## CÓMO LOGRARLO ESTA VEZ

EDITORIAL
PAX MÉXICO

## El libro muere cuando lo fotocopian

Amigo lector:

La obra que usted tiene en sus manos es muy valiosa, pues el autor vertió en ella conocimientos, experiencia y años de trabajo. El editor ha procurado dar una presentación digna a su contenido y pone su empeño y recursos para difundirla ampliamente, por medio de su red de comercialización.

Cuando usted fotocopia este libro, o adquiere una copia "pirata", el autor y el editor dejan de percibir lo que les permite recuperar la inversión que han realizado, y ello fomenta el desaliento de la creación de nuevas obras.

La reproducción no autorizada de obras protegidas por el derecho de autor, además de ser un delito, daña la creatividad y limita la difusión de la cultura.

Si usted necesita un ejemplar del libro y no le es posible conseguirlo, le rogamos hacérnoslo saber. No dude en comunicarse con nosotros.

Editorial Pax México

Coordinación editorial: Matilde Schoenfeld
Portada: Víctor M. Santos Gally


Librería Carlos Cesarman, S.A.
Av. Cuauhtémoc 1430
Col. Santa Cruz Atoyac
México, D.F. 03310
Teléfono: 5605 7677
Fax: 5605 7600
Correo electrónico: editorialpax@editorialpax.com
Página web: www.editorialpax.com

Tercera edición
ISBN 968-860-724-X

Impreso en México / *Printed in Mexico*

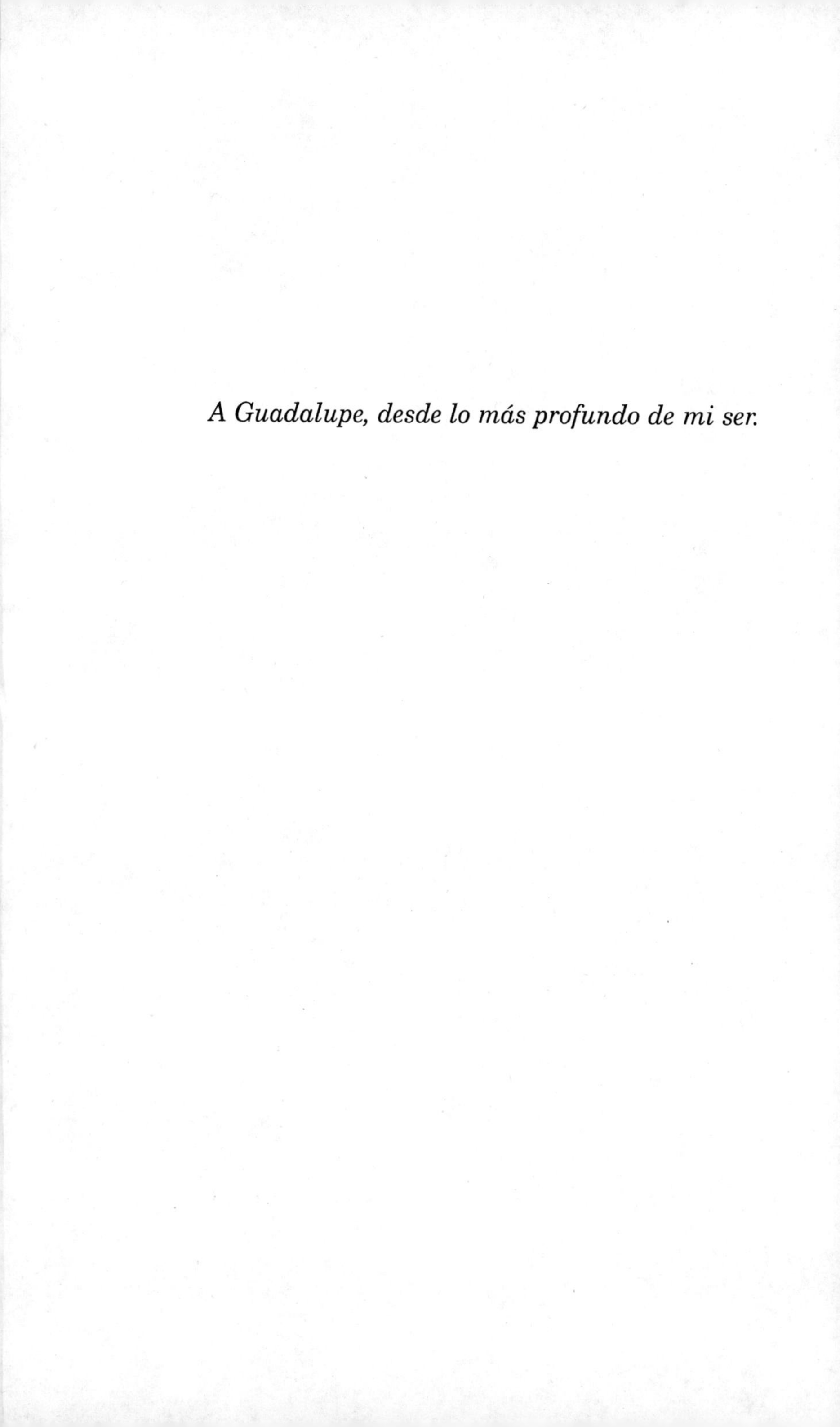

*A Guadalupe, desde lo más profundo de mi ser.*

*Para mis hijos*
*Ana Luisa*
*Alfonso*
*Mario Aníbal*
*José Emiliano*
*Ana Camila*

A unos los conocí antes de que nacieran,
a otros en el camino de la vida.

# Índice

# Agradecimientos

Con este primer libro me siento como quien gana un Oscar y sube al estrado para agradecerle a todas las personas que contribuyeron para hacer posible que recibiera ese premio.

Así, quiero agradecer a mis padres todo el apoyo que siempre he recibido de ellos. A todos mis amigos, quienes me permitieron enriquecer el libro con sus viñetas; a mi amigo Ignacio Jarero, por su apoyo incondicional en el camino del divorcio y el rematrimonio; a Luis Miguel Díaz, por su espíritu, constancia y energía para que el trabajo de escribir este libro no fuera interrumpido; a José y Lilian Curiel por su gran compañerismo y respaldo; a Masao y Haru Kume por su presencia tranquilizadora y energética. A Víctor Montiel, amigo y maestro de siempre.

A mis hermanos, por su apoyo y cariño. A mis pacientes adultos, a mis pacientes niños y adolescentes que compartieron conmigo sus momentos difíciles, sus llantos y también sus triunfos.

A mi esposa, colaboradora generosa y brillante escritora, cuya creatividad ha sido plasmada en las mejores partes de este libro. A mis hijos, que siempre compartieron conmigo sus vivencias y me enseñaron algo que no es posible encontrar en los libros, pero sí vivirlo diariamente: les agradezco su nobleza, sensibilidad y comprensión.

Al doctor José Luis Díaz Santana, amigo incondicional, por compartir sus vivencias

A Gerardo Gally, editor de este libro, por creer en mi proyecto y darme todas la facilidades para llevarlo a cabo. A Matilde Schoenfeld, por sus múltiples revisiones del manuscrito y por mostrarme el camino para que el mensaje fuera transmitido con mayor claridad.

A todos mis maestros y compañeros, por compartir desinteresadamente sus conocimientos.

# Prólogo

Este libro de Alfonso Escamilla es un libro rico, accesible y optimista. Rico, porque el lector encontrará abundantes situaciones comunes de parejas en momentos de cambio. Accesible, porque el lenguaje es directo y parece más hablado que escrito. Optimista, porque después de leerlo es inevitable sentirse mejor.

Una característica distintiva del mundo de hoy es el cambio acelerado. Sociedades, corporaciones, familias e individuos requieren preparación para encaminar positivamente nuevas circunstancias. Así, el autor equipa a mujeres y a hombres para resolver de mejor manera los conflictos de los procesos que tienen lugar en el cambio dramático que significa volverse a matrimoniar.

Alfonso no parece un teórico que habla de lejos sobre el rematrimonio. Al contrario: el libro trata de su vida como hombre rematrimoniado, padre, psiquiatra infantil, terapeuta, asesor legal en custodia de menores, separaciones, divorcios y rematrimonios.

El libro es un instrumento útil para tres tipos de personas: los que cuestionan su matrimonio, los que se divorcian y, sobre todo, los que desean el rematrimonio. A los primeros les ayuda a esclarecer sus sentimientos y pensamientos. A los segundos les facilita la recuperación del trauma del divorcio. A los terceros les sirve como guía para decidir sobre su rematrimonio. Pero también es útil para aquellos que están próximos a casarse por primera vez.

Un aspecto muy importante que muestra la visión optimista del libro es que se sustenta en la premisa de que el rematrimonio puede ser la gran oportunidad para que las mujeres, hombres, adolescentes y niños involucrados en la separación de una pareja, puedan creer en la pareja madura y satisfecha, ya que generalmente su experiencia previa ha sido la de una pareja conflictiva.

Para el autor, el crecimiento y bienestar plenos en el rematrimonio son naturales si uno realmente aprendió del primer matrimonio.

Una idea fundamental de nuestra cultura es que el interés principal de la sociedad es proteger a los menores; todo lo demás pareciera ser secundario. Alfonso piensa diferente. Para él la pareja es primero. Entiende el ciclo de la vida como una situación donde las circunstancias de niños y jóvenes son determinadas por sus mamás y papás, y cuando los menores se convierten en papás y mamás, ellos determinan las circunstancias de la nueva generación. De este modo, el control de las circunstancias, aunque siempre relativo, está en los adultos, pese a que tengan mente de niños. El corolario de este modo de ver a la familia es que Alfonso procura que la pareja esté bien para sí misma porque entonces los menores tendrán mejores circunstancias. Él llega a la protección de los menores, no por la puerta principal de la casa, sino por sus cimientos.

Alfonso no puede esconder que su experiencia profesional principal es el tratamiento de menores en situaciones complejas. Una y otra vez refiere cómo abordar su problemática. Su visión muestra que habla de mujeres, hombres, jóvenes y niños, de carne y hueso, con emociones y sentimientos, no de humanos inexistentes.

Sin embargo, no es dogmático. A partir de su práctica profesional, le parece muy claro que en divorcios, custodias y nuevas familias lo nuevo es diferente. Que no obstante que hombres y mujeres recién separados se consideran diferentes, en realidad no son tan originales porque todos sufren las mismas vicisitudes matizadas por el propio cáracter. Fuerzas decisivas en el rematrimonio son la resistencia y el sabotaje frente al cambio. El establecimiento de pocas reglas para las nuevas situaciones es mejor que lo contrario. Aceptar a la pareja es mejor. Hay que aprender a respetar y a no invadir los espacios privados que todos necesitamos. Los conflictos siempre tienen solución. No podemos modificar el pasado, pero sí sus efectos. Es mejor esperar muchos meses antes del rematrimonio. Tanto las familias originales como los rematrimonios pueden ser igualmente funcionales o disfuncionales.

El libro sistematiza actitudes y situaciones que retrasan el buen ajuste de las familias de rematrimonio, y señala estrategias para un mejor rematrimonio.

Alfonso no es un promotor del divorcio. Sólo lo acepta y, a partir de esta aceptación, busca, en primer lugar, sanar el daño inflingido. En segundo, preparar a los divorciados para que lo que fue una experiencia dolorosa en el primer matrimonio, se convierta en fuente de enseñanza para un nuevo matrimonio.

Dr. Luis Miguel Díaz
Mexican Program Director
E.U.A. Mexico Conflict Resolution Center
New Mexico State University
Verano, Las Cruces, Nuevo México

# Introducción

## La alternativa

Cuando uno se casa por primera vez, tiene la idea romántica de que todo será como un cuento de hadas, que se casa para vivir siempre con esa persona, "hasta que la muerte los separe".

Al casarse por segunda vez, lo hace con la misma idea porque no conoce otra posibilidad; entra al nuevo matrimonio pensando que el anterior no funcionó, ésta es una nueva oportunidad para realizar el sueño que no logró en el primer intento y, muchas veces no se detiene a reflexionar sobre por qué no funcionó.

A lo largo del camino, uno se da cuenta de que las situaciones son totalmente diferentes, las reglas son otras; los integrantes han tenido experiencias distintas. Quizá alguno de los dos ya vivió un tiempo solo (o sola), y por lo tanto ha tenido un espacio propio que ahora compartirá (en el mejor de los casos) o que sentirá invadido y amenazado (la mayoría de las veces). Ahora hay hijos, algunos nuestros pero otros no, y los ajenos llegan con una educación diferente, costumbres distintas, y muchas veces nos ven como el rival o el estorbo para ver cumplida la fantasía de que sus papás volverán a estar juntos algún día, aunque esto sea lo más alejado de la realidad.

Si las personas que forman esta nueva pareja se divorciaran y volvieran a casarse por tercera vez, con otras personas, en esa relación ya no tendrían las mismas expectativas de las dos relaciones anteriores; sabrían qué pueden esperar y qué no, qué ilusiones pueden tener y cuáles jamás se realizarán; tendrían más experiencia para saber cómo tratar a los hijos propios y a los de la pareja, así como qué pueden esperar de ellos y qué no.

Yo quisiera que el resultado de leer este libro fuera que quienes lo lean no tengan que casarse por tercera vez y que su segundo matrimonio o relación funcione mejor. Éste es el resultado de la experiencia de 25 años de trabajo en el seno de la cultura mexicana, y mi propósito principal es compartir la experiencia personal y la de mis pacientes y amigos que han andado por este camino, y que generosamente han accedido a comunicarlas y compartirlas.

Esta experiencia nos enseña que no estamos preparados para la vinculación con la pareja, ni tampoco para la separación. Este libro nos muestra las herramientas necesarias para prepararnos a vivir bien en pareja o, en su caso, afrontar nuestros problemas.

¿Quién ha diseñado su matrimonio, así como diseña su casa? ¿Cuántos hijos queremos?, ¿en qué tipo de trabajo quieres estar?, ¿cuáles son tus proyectos personales? y, sobre todo, ¿qué implica eso en relación con los hijos y la pareja?

Muchas veces, cuando alguien habla de estos temas, nos parece que ve las cosas "muy fríamente". Otras, lo evitamos porque nos da miedo afrontar la realidad —si sentimos que somos muy diferentes de los demás—, y pensar que quizá no deberíamos casarnos; entonces actuamos como el avestruz: negamos la realidad, y alimentamos la fantasía de "que haremos cambiar a nuestra pareja". Generalmente eso no sucede y esa relación acaba en un nuevo fracaso.

A lo largo del libro presento sugerencias que considero muy importantes para ayudar a lograr una mejor calidad de vida y de relación de pareja. Si el lector puede aplicarlos antes de divorciarse será un gran regalo para él mismo o su pareja. Es importante considerar que servirá también para las personas que inician una primera relación y que tienen la apertura mental para darse cuenta de que estos aspectos son fundamentales si quieren lograr el éxito en su pareja.

Para poder vivir la relación maravillosa propuesta en este libro, son necesarios varios ingredientes:

Buscar siempre el desarrollo personal, resolver los aspectos conflictivos con las relaciones anteriores, tener un manejo adecuado de las expectativas; amor, compromiso. Es decir, subirse al carrusel con los dos pies; confiar en la pareja; tener libertad de espacios; buscar y apreciar una mejor calidad de vida; desear ver al otro al final del día cuando cada quien estuvo inmerso en sus tareas o proyectos, y ser autosuficientes, ambos. El amor y el compromiso pueden existir en la nueva relación; pero si uno trae el veneno de la relación anterior, fácilmente contaminará la nueva.

Al tener consciencia de las expectativas que tenemos (cuáles son; por qué las tenemos, a qué carencia corresponden; y cuáles aparecen cuando nos enfrentamos a la posibilidad de una nueva relación de pareja), podremos manejarlas mejor y evitar que afecten nuestra relación.

La relación que propongo es una alternativa a la que hay que atreverse. ¡Atrévete! Es necesario trabajar muy duro para lograrla, porque no es posible obtenerla en forma gratuita. Para que sea sólida, la relación debe ser creativa; es importante dejarla fluir. Pero también hay que aprender a escoger con quién puedes tenerla. En efecto, es una relación evolucionada; no es lo mismo que una relación tradicional, donde uno niega la realidad y la existencia de los problemas. Para tenerla, es importante lograr un nivel de desarrollo que sólo podremos alcanzar conociéndonos a nosotros mismos; nuestras características; cómo reaccionamos, qué nos lastima y qué nos fortalece.

Para lograr esto hay diversos caminos: uno es la psicoterapia (es recomendable acudir con un terapeuta que tenga una preparación formal, y de preferencia que sea reconocido por el Consejo Mexicano de Psiquiatría); otro camino es la meditación; y otro, la vida misma que por lo general nos enseña con golpes y tropiezos, a veces muy dolorosos.

Sin embargo, podemos aprovechar y desarrollar la capacidad de leer los mensajes que nos da la vida, al preguntarnos, por ejemplo: ¿qué quiere decir que yo esté atravesando por esto? ¿Para qué me sirve? ¿Qué puedo aprender de lo que me está pasando? Es recomendable tratar de no salir corriendo porque algo nos duele o, lo que es peor, buscar un culpable. Lo más importante es saber cómo nos hemos metido en esa situación. Debemos preguntarnos cuántas experiencias diferentes y difíciles necesitamos vivir para valorar la relación actual, cuántas para desmitificar ésta, la anterior o las anteriores. Esto implica trabajar mucho en nuestro conocimiento personal.

Lo que propongo es que las personas tengan libertad dentro de una relación de pareja; que convivan sin resentimientos, sin competencia, y que cada individuo pueda desarrollarse en su campo, con sus propias habilidades. Una relación donde el otro, lejos de sentirse amenazado por el desarrollo de su pareja, comparta y disfrute de los logros del cónyuge. Donde cada uno pueda "ser" él mismo, sin que esto implique continuos conflictos que lleven a la separación de la pareja. También donde un miembro de la pareja exalte las cualidades y los logros del otro y viceversa; que puedan "sumar" y no "restar" la energía de esa relación.

Para ser feliz en pareja de rematrimonio, es necesario valorar cada momento que la vida nos brinda para estar juntos, no desperdiciar el precioso tiempo en pleitos y desavenencias; por el contrario, atesorar los momentos en familia, en pareja o en soledad.

## Nota aclaratoria

En el proceso del divorcio ocurren situaciones complejas y extremas, ya que es un momento movido por las pasiones. Esto implica que, muchas veces, la cordura está fuera del panorama.

A lo largo de este libro presentamos una serie de viñetas que ejemplifican cuándo las acciones están movidas por lo visceral y cuándo se distorsionan los hechos; los hombres y las mujeres pueden ser capaces de actos inimaginables.

Mencionaremos indistintamente los casos de hombres o mujeres; pero es importante considerar que las mismas circunstancias pueden presentarse, independientemente del género de la persona.

Hemos cambiado los nombres reales para mantener la confidencialidad de los involucrados; cualquier similitud con personas que el lector conozca es una mera coincidencia, lo cual nos habla de la gran cantidad de casos que existen; quizá muchos de nosotros conocemos alguno, incluso muy cercano.

# 1
# El enojo en el divorcio y la pelea por la custodia de los niños

El divorcio es una experiencia traumática que implica una decisión trascendental. Antes de tomarla, uno desconoce la magnitud del cambio que implica. Con ella, todo cambia en la vida: los hábitos de sueño, el modo de hacer el amor, la relación afectiva, la dieta, los menús, los horarios y las actividades, tanto en la vida de soltería como después, en el rematrimonio.

Divorcio es la disolución legal de un matrimonio. Los estudiosos sociales lo ven como el más constante de los problemas sociales mayores. Las estadísticas muestran que cada vez es más frecuente en nuestro país; Estados Unidos tiene el índice más alto de divorcio de las sociedades desarrolladas, pero en los países europeos ha aumentado con rapidez en años recientes.

Los grandes cambios sociales que vivimos en esta época, como son las mayores oportunidades de trabajo para las mujeres, la urbanización acelerada y la gran movilidad social –entre otros factores– indican que el índice de divorcio va en aumento nuevamente.

---

Nota: no por utilizar el genérico masculino excluimos a las mujeres [N. del E.]

Cuando las personas se divorcian, en su interior se mueven las pasiones, por lo que reaccionan de manera más visceral que de costumbre. Están muy enojados por la pérdida que enfrentan –de la pareja, de la familia, del status, de las comodidades, del apellido– y por este coraje son capaces de llevar a cabo acciones que normalmente no ejecutarían. Proyectan su enojo sobre el cónyuge del cual se están separando; en ese momento, éste a sus ojos se convierte en el peor ser del mundo.

Muchas veces, el enojo se manifiesta hablando mal de la otra persona, manipulándola con el dinero (a sabiendas de su situación económica), o utilizando a los hijos. Es común verlo convertido en una guerra por demostrar quién tiene el control.

Hablar mal del cónyuge es algo que ocurre con frecuencia; la mayoría de las veces todo lo dicho son acusaciones sin fundamento que lastiman a la otra persona. Por ejemplo, ella puede decir que él es homosexual, ratero, pillo; él, que ella se acuesta con todos; ambos dicen que tienen amantes; ella dice que lo sorprendió en la cama con la doméstica; si quieren agredirse de manera más siniestra, ella dice que lo encontró en la cama con un hombre y él dice que ella es "la aberración" de la mujer deseada, que tiene una gran ausencia de inteligencia; ella dirá que él es impotente o tiene eyaculación precoz; él, que ella es frígida. Si continuáramos, esta lista sería interminable.

También es común buscar aliados para hablar mal del otro. Buscamos amigos y les contamos nuestra versión para que nos den la razón, nos animen a la lucha; y aunque lo logran, en realidad lo único que hacemos es seguir "revolcándonos en el lodo". Muchas de las personas con quienes hablamos nos aconsejan lo que ellos quisieran hacerle a su pareja pero no se atreven.

Cuando los cónyuges hablan mal uno del otro, los hijos sufren y son afectados de diversas maneras. Con el tiempo, una vez que la tormenta ha pasado, todo lo dicho terminará revirtiéndose al que habló mal del otro, porque los hijos repiten lo que oyen.

El enojo puede contaminar el manejo de la situación económica; por ejemplo, en casos como el de Ramón y Angélica:

> Ellos vivían en el sur del país. Cuando se separaron, Angélica se fue a vivir con sus hijos a la ciudad de México. Ramón, desde Ciudad del Carmen, le enviaba a Angélica el dinero para la pensión alimenticia, las clases particulares y la terapia de los hijos. Cada vez que Angélica se enojaba con Ramón, dejaba de llevar a los niños a sus clases y terapias para contrariarlo al no aprovechar el dinero que él enviaba. Pero, ¿a quién dañaba en realidad? Al tratar de maltratar a Ramón, maltrataba a los hijos.

Si las personas pierden la perspectiva, demostrar quién tiene el control se vuelve un objetivo importante en sus vidas. Es común ver casos en que alguno de los dos usa el aspecto económico para tratar de controlar al otro. Casi siempre es el varón el que tiene el dinero y obviamente lo usa para presionar a la mujer, amenazando con dejarla (o dejándola) en condiciones económicas desfavorables o angustiantes. Sin embargo, también hay casos en los que la mujer se queda con todos los bienes de la pareja, valiéndose de la imagen de víctima. A su vez, he conocido casos en los que la locura domina el escenario y provoca graves daños.

> María Luisa, estando en trámites de divorcio, se entera de que Gustavo, el esposo del que ya se ha separado, al que ella odia y ya no soporta, está saliendo con otra mujer, a quien ella describe como "una secretaria gorda, fea y pobre". Llena de coraje, en el convenio de divorcio voluntario pidió una casa, un coche nuevo, vacaciones al extranjero para los niños, quienes debido a su corta edad tendrán que ir acompañados por su mamá; por supuesto, una pensión jugosa para que se le quite "lo espléndido", ya que se da el lujo de gastar el billete con otra, "después de que lo eduqué y lo mejoré de como me lo entregaron los ex suegros, ahora resulta que la ganona será otra; yo que me fastidié junto con él para hacer lo que tenemos y ahora se va a disfrutarlo por otro lado, yo que le di los mejores años de mi vida a ese mentecato, pues me lo va a pagar...

Es común que las mujeres, al no estar en posibilidades de tener control económico, usen muchas veces a los hijos para mostrar su control, pensando que "si lo material es del hombre que lo ha trabajado, los hijos son de la madre que los ha cuidado." Esto sólo coloca a los hijos en medio de un torbellino de agresiones; y cabe hacer énfasis en que ellos pagan las consecuencias durante mucho tiempo, y algunos durante toda su vida. El enojo y los problemas de los padres repercuten en los hijos de manera seria, como veremos a lo largo de este libro.

> Recuerdo el caso de un hombre, Braulio, político de los que dicen que la revolución les hizo justicia, con mucho dinero –mal habido, pero lo tenía– que usaba para controlar y manipular a su única hija adolescente, a la cual invitaba a salir a tomar la copa o a cenar. Estaba casado por segunda

> vez pero seguía saliendo con otras mujeres; él llevaba a la hija a algunos de estos encuentros como si con su presencia intentara legitimar la relación que tenía con sus amantes, como si ella le diera el visto bueno. Ella iba porque comía en lugares caros y sacaba beneficios económicos como cambiar su coche por un modelo más nuevo, viajes, y todo lo que el dinero compra. De este modo, el padre la hacía su cómplice y actuaba con las amantes las fantasías que tenía con la hija.

A esta chica le costaba mucho trabajo darse cuenta del tipo de patología que afectaba a su padre y que, como consecuencia, contaminaba los valores morales que ella tenía: aunque era muy bonita, le costaba trabajo establecer relaciones cercanas y genuinas. También le costaba trabajo aceptar el divorcio de sus padres y aunque el hombre estaba nuevamente casado y la madre también, ella tenía la fantasía de que volvieran porque era su defensa ante la conducta incestuosa del padre.

> Maribel, de nueve años, se muestra angustiada y se come las uñas constantemente. Presenta síntomas de gastritis y colitis, dolor de estómago; se siente presionada por ser la hija mayor, siente la presión del padre para que decida vivir con él; ella quiere tener una buena relación con su padre, verlo y salir con él pero no quiere que la presione hablando mal de la madre, con quien ella quiere vivir. Le asusta que su papá pierda el control, se violente y se ponga agresivo con ella. El papá, con tal de que estén de su lado, les promete cosas como comprarles un terreno donde puedan tener los perros que quieren los niños y que no pueden tener donde viven actualmente. Maribel ha rechazado salir con su padre los días de visita si sigue presionándola a que diga que

quiere vivir con él. La exploración radiológica mostró que Maribel presentaba una úlcera por la tensión en que vivía. Alejandra, de siete años, está bloqueada; le cuesta mucho trabajo hablar del tema del divorcio de sus padres, quienes se encuentran en proceso de divorcio necesario. Alejandra está confundida, no sabe quién tiene la razón, o qué es cierto o no, de lo que le dice su padre. Ha empezado a mojar la cama desde hace cuatro meses, también muestra ansiedad y cuando está fuera de su casa no quiere separarse de su madre; duerme con angustia y empieza a rebelarse cuando tiene que ver a su padre. Éste cree que la madre es quien sabotea las salidas con la hija y no es capaz de notar que es una reacción de la niña a la situación y también a las presiones que experimenta.

Ricardo, de cinco años, es un niño que empieza a sentir inseguridad cuando está fuera de su casa; ha llegado a meterse en sí mismo balanceándose, pensativo y aislándose socialmente hasta verse francamente deprimido.

En mi carácter de especialista me permito recomendar que mantengan a los niños fuera de las luchas de los padres y que estos asistan a una orientación que pueda indicarles el manejo adecuado de los hijos en estos casos. Asimismo, que los niños asistan a terapia para poder ayudarlos a entender las vicisitudes del divorcio deshaciéndose de los sentimientos de culpa, enseñarles a manejar los conflictos de lealtad con sus padres para que puedan recobrar su autoestima y logren relacionarse adecuadamente ahora y cuando establezcan sus relaciones de pareja. Muchos de ellos expresan un gran temor a casarse y cuando son adultos muestran serios problemas para mantener una relación de pareja satisfactoria.

Muchas veces la familia externa, los padres de los involucrados, también meten su cuchara: manipulan y se involucran en el pleito como si fuera propio. Esto sólo complica las cosas, como veremos en los siguientes casos:

> Esteban, un hombre de 40 años y profesionista exitoso, y Sofía, una mujer de 38 años con escolaridad de secundaria y algunas nociones secretariales, conformaban una pareja. Habían procreado dos hijos: una niña de 14 años y un niño de doce. Después de 15 años de casados –de los cuales, los últimos cinco transcurrieron llenos de conflictos– deciden hablar de divorcio. Han acordado que los hijos vivan con el padre, ya que la madre, por querer realizar estudios de preparatoria abierta y vivir una adolescencia tardía, opta por no ocuparse de las labores domésticas: no ir al supermercado, no supervisar que la cocinera haga la comida, etcétera. Se desentiende de todo alegando que ella no es la sirvienta (una apreciación distorsionada, porque el hecho de encargarse de su propia casa no tiene esa implicación).
>
> Con la idea de que los chicos no fueran movidos de su casa, Esteban le propuso a Sofía salir de la casa e irse a un departamento amueblado con todos los gastos pagados; ella se negó y entonces Esteban y los hijos tuvieron que rentar una casa. Cada uno se llevó su ropa y artículos personales: el chico su bicicleta y una computadora que le había regalado su abuelo materno en la Navidad pasada; la niña se llevó su mascota. Como la relación de Esteban con sus suegros era muy buena, decidió hablar con ellos para

comunicarles la decisión del divorcio y lograr que éste se resolviera de una manera civilizada. La respuesta de ellos fue negativa, pues se sintieron muy afectados y lo tomaron como una afrenta personal (lo cual nos indica el tipo de relación simbiótica que tenían con su hija, a la que siempre vieron desprotegida, infantil y dependiente de ellos), en vez de pensar que la que se estaba divorciando era la hija y no ellos, quienes asumieron el pleito con Esteban.

Tal era su enojo, que el suegro se atrevió a demandar a Esteban por el "robo de la computadora" que se había llevado el nieto (el mismo abuelo se la había regalado, y ahora demandaba al padre de una manera artera y falsa; con premeditación, alevosía y ventaja).

De repente, Esteban fue abordado por judiciales afuera de su casa y en su oficina; le solicitaron que se presentara a declarar. Fue una época muy difícil y de mucha angustia para él y para sus hijos, que no sabían en qué momento su padre podría ser detenido por una causa totalmente injusta (movida por la rabia descontrolada y enferma del suegro que no quería aceptar que su hija era responsable en un 50% de ese divorcio y no una víctima).

Esta reacción familiar es frecuente: los padres no quieren aceptar que su hijo tienen problemas que los llevaron al divorcio, quizá porque sienten que ellos también son responsables de que la hija, en este caso, sea una persona conflictiva, malhumorada, enojada, violenta, impredecible y con mínima capacidad para dialogar y aceptar su responsabilidad. Muchas veces las personas prefieren proyectar esa culpa en el otro, al que ven como el tirano, el ogro, el malo, en la medida en que ellas juegan el papel de víctima.

Esteban ganó el caso, ya que era a todas luces injusto. Él podía contrademandar al suegro, pero sabía que si hacía eso, seguiría unido a esa familia por medio de la agresión, así que prefirió no hacer nada y dejar las cosas como estaban. Además, sería demandar al abuelo de sus hijos, cosa que no quiso hacer. Dice que nunca se ha arrepentido de esto.

> En otro caso similar, el abuelo es un hombre de dinero; inteligente, manipulador y metiche; poco respetuoso de la vida de los demás, a quienes maneja con su dinero. En ocasiones entusiasma a sus hijos y nietos para que hagan un viaje o estudien una maestría asegurando siempre que él la pagará encantado, porque su dinero es para estudios y no para lujos. Sin embargo, cuando se presenta el caso en que un nieto le pide la ayuda prometida, responde: "te pago la mitad y que tu padre (su ex yerno) te pague la otra mitad". Él está manipulando al pretender decidir cuándo y en qué debe gastar el dinero el padre del chico; si el padre le dice "no tengo dinero para eso en este momento, porque tengo otros gastos como la hipoteca", el hijo siente que perdió la oportunidad de su maestría por culpa de su padre, al que además descalifica porque no le pudo dar dinero; en cambio el abuelo conserva su imagen de hombre exitoso. Los nietos adolescentes no alcanzan a ver la manipulación del abuelo quien, si realmente fuera un hombre generoso y maduro, le pagaría al nieto lo que le prometió y puede hacer sin involucrar ni pedir ayuda al padre del chico.

Este tipo de personas son sumamente dañinas; destruyen a su familia, generan odio. Aunque los familiares estén cerca de ellos por los beneficios económicos, siempre están deseando que se mueran pronto para disfrutar lo heredado y su ausencia. Muchas familias suelen establecer relaciones dependientes que le hacen mucho daño a sus miembros. Por ello, la separación de la familia de origen es muy importante en nuestra vida. Ser uno mismo a través del desarrollo personal, conocernos a nosotros mismos, es un paso impostergable que debemos dar y con el que podemos evitar situaciones como las siguientes:

> El abuelo, que manipula con su dinero, hace que sus hijos y sus nietos tengan que comer en su casa una vez a la semana y el que no asiste es chantajeado por él: "yo debo ser tu prioridad", les dice. Les ayuda con dinero, pero también los humilla diciéndoles: "cómo me pides dinero, yo a tu edad ya trabajaba y tenía dos hijos".

> Cuando Rosaura, mujer dependiente de sus padres, es dejada por su esposo, la reacción de sus padres y hermanos no se hace esperar: la atacan como si ella no tuviera el derecho al divorcio para terminar con una situación intolerable y viven el hecho como una agresión personal. Rosaura tiene dos opciones: cuidar de no hacerlos sentir mal (a costa de sentirse mal ella misma) o hacer lo necesario para asegurarse una vida saludable, le guste o no a su familia. Es decisión de ella y ésta es la independencia sana.

A veces, la lucha por la custodia dura años, hasta que alguno de los cónyuges se relaciona con otra persona. Si éste es el caso de la mujer, ello hace que baje la guardia en su lucha; entonces, el otro puede ver la oportunidad de agredir a su ex mujer dificultando las cosas, rechazando el convenio de divorcio por cualquier pretexto o mediante algún otro obstáculo.

Si los hijos son mayores de siete años y pueden decidir dónde vivir, y prefieren hacerlo con la madre y su nuevo esposo, mejor que con el padre, éste puede ponerse fuera de sí y asustarlos; lo mismo puede pasar a la madre. Otras veces, las hijas adolescentes no aceptan el nuevo matrimonio de la madre, porque les echa por tierra la fantasía de que sus padres volverán a vivir juntos. En un caso así, intentan chantajear a la madre amenazándola con ir a vivir con el padre.

Cierta madre dijo a la hija: "Adelante, ¿quieres vivir con tu papá? Adelante, pero no me chantajees". La chica fue a vivir con el padre y, cuando a las tres semanas quiso regresar, no se lo permitieron, diciéndole que tenían que hablar al respecto, y que lo harían más adelante (para evitar que la chica los manipulara con sus salidas y regresos).

Al mes, tuvieron una junta con ella donde le plantearon las reglas en caso de que volviera: respetar a la nueva pareja, obedecer las normas, seguir los horarios dispuestos, no andar de mala cara, etcétera. Y le plantearon: "Este matrimonio es un hecho: tu papá y yo ya nos divorciamos, fue una decisión de la pareja porque ya no queríamos seguir viviendo juntos. Quiero que sepas que aunque Nicolás [su nueva pareja] y yo llegáramos a divorciarnos, jamás regresaría con tu padre. No queremos que intentes sabotear nuestra relación de pareja como lo has hecho: me saludas e ignoras a Nicolás, o platicas cosas de tu papá, como si la familia fuera la de antes, haciendo pasar malos momentos a Nicolás."

La adolescente aceptó quedarse a vivir con ellos para intentarlo de nuevo; si no funcionaba, regresaría a casa del padre.

## El dolor de la separación

El dolor producido por la separación es un dolor que llamamos narcisista, o sea, un golpe a la autoestima que confronta al individuo con la realidad de una manera brusca. Le muestra aspectos de su personalidad que pudieran ser desconocidos hasta ese momento. Es muy amenazante saber que tu pareja no te quiere, es un golpe al ego.

Frente a la separación, al individuo se le derrumba la identidad que hasta ese momento había formado, la cual fue construyendo al reflejarse en su pareja, al conocerse más a sí mismo. Por ejemplo, cuando el cónyuge le señalaba alguna parte de su persona que no le gustaba, diciéndole: "eres un desobligado" o "siempre estás de mal humor". En pareja, nos conocemos esas partes que juntas conforman nuestra identidad, nuestra manera de ser. Cuando nos separamos la parte de la identidad que se apoyaba en el otro no puede ser sustituida de momento. Esa parte de su ser, que parece haberse desgajado y no ha creado todavía una nueva identidad, hace que el individuo se sienta mutilado, angustiado, que no sepa bien quién es en ese instante.

Es un momento difícil. Aparece la desesperación, después la agresividad y luego la indiferencia. Se ponen en juego los mecanismos naturales de defensa para que la angustia no provoque una quiebra emocional severa, un trastorno psicosomático o un suicidio.

La separación confronta a cada uno con sus capacidades y también con sus características personales más enfermizas: a algunos con su pasividad, a otros con su alcoholismo, a otros con su incapacidad de entregarse a la relación de pareja. Esta toma de consciencia tan brusca genera mucha agresividad hacia el cónyuge que la provoca, el cual es visto como el malo, "él es el malo, el culpable; yo soy la buena, una víctima de su maldad". O al revés, si quien la provoca es la mujer.

La agresión se proyecta hacia el cónyuge. Así, surge una necesidad de venganza, deseos de muerte hacia el compañero, como solución mágica al conflicto insoportable de tener que hacerse cargo de sí mismo. Muchos hombres, cuando es la mujer quien ya no quiere vivir con ellos e intenta dejarlos, inventan –para detenerla– que ha sido infiel, la amenazan con quitarle a los hijos, con destruirle su imagen o la de quien se atreva a acercársele, o a "su familia nefasta" que la apoya en esos momentos. Proyectan la responsabilidad en ella, asumen el papel de víctima y ven a la mujer que se atreve a dejarlos, como tirana; entonces dicen: "te voy a dejar sin dinero y sin hijos; y voy a demandar a tu papá. Tu mamá es comunista y tu hermana es una..."

Cuando uno quiere separarse de sujetos que están en esta situación es muy difícil hacerlo porque oponen mucha resistencia a soltar la relación; sienten que al no estar la persona que los contenía se desbordarán en su locura y se trastornarán; entonces muestran la agresividad más primitiva y distorsionan la realidad. Al estar tan asustadas, cometen muchos errores de juicio y atacan a la pareja por atreverse a pensar en dejarlos. Cuando pasa esto, la persona que tenía la iniciativa de separarse sólo corrobora lo que pensaba, y se pregunta por qué tardó tanto tiempo en tomar la decisión de divorciarse. Se da cuenta de que es una decisión adecuada, y que lo más terrible sería seguir viviendo con ese enfermo o enferma. Con el paso del tiempo, ve que el comportamiento de ese sujeto sigue siendo inadecuado: generalmente no establece relaciones positivas y se volverá a divorciar en las mismas condiciones conflictivas, o seguirá con sus infidelidades a la pareja en turno.

Para darse ánimo y separarse de sujetos enfermos muchas personas buscan ayuda en consejeros que les puedan validar sus acciones en lugar de ayudarlos a confrontar su situación. Al hacerlo se pueden llegar a encontrar consejeros inexpertos que toman partido con alguno de los cónyuges y tratan de culpar al otro. Esto sólo obscurecerá el proceso, ocasionará un daño a la pareja y por supuesto a los hijos. Únicamente cuando el terapeuta tiene experiencia para entender la psicodinamia de la pareja, podrán darse cuenta los cónyuges, a lo largo de las sesiones, de cuánto tiempo han pasado culpándose uno al otro en vez de ver su responsabilidad en el problema. Esto es difícil porque en períodos de crisis las personas tienen una incapacidad para escuchar lo que los enfrentaría a su condición actual. Pero muchas personas lo logran y terminan aceptando su responsabilidad; algunas se separan y otras resuelven sus diferencias y continúan con un mejor matrimonio.

Aceptar la responsabilidad propia por las acciones y los sentimientos es muy importante para tener un buen divorcio. Durante éste, puedes llevar a cabo actos de los cuales te arrepentirás después. Con una adecuada guía o supervisión profesional en tan duros momentos, mejorarán las posibilidades de salir avante y limpios, sin cargar pesos innecesarios.

## Síndrome del vestido viejo

Las mujeres desechan su ropa porque consideran que ya es vieja. Si viene una amiga a visitarla y quizá es alguien con menores recursos económicos, puede decirle: "estoy dando de baja esta ropa si te gusta algo, llévate lo que quieras". Y la amiga se lleva un vestido.

El día que encuentra a la amiga con el vestido puesto (que para ella era viejo y para la amiga es nuevo) y lo luce como nuevo, y otras personas la admiran por éste, ella se muere del coraje de haber desechado aquel vestido viejo...

Así, las parejas se separan porque "ya no se aguantan"; "porque la otra persona tiene todos los defectos del mundo"; "porque ya es como prenda desechable". ¡Ah! pero que no venga otro a recoger lo desechable y lo aprecie, pues entonces uno, lleno de coraje, tratará de recuperar lo perdido o de obstaculizarle cualquier nueva relación.

Muchas veces las personas actúan como si se les olvidara que ya están divorciados y que el otro o la otra puede hacer con su vida lo que se le dé la gana. Tienen la fantasía de que el otro está siendo feliz sin ellos y no pueden tolerar eso; inician una serie de fantasías y lamentablemente en muchos casos las actúan para entorpecer o evitar una nueva relación o el posible nuevo matrimonio de su ex cónyuge.

## Una mala relación

Hay muchas parejas que se llevan mal, tienen una relación insatisfactoria, poco gratificante, hostil, fría, y no se separan. Muchas veces esto sucede por temor a la soledad. Usan varios pretextos como "es por los hijos", "porque tenemos una relación sexual satisfactoria" (lo cual es incierto, porque si uno odia a la otra persona es difícil que haya una entrega sexual completa, pero esto es mencionado en ocasiones); "por el qué dirán", o "porque en mi familia no se acepta el divorcio".

Cuando la situación es insalvable, uno tiene que separarse a tiempo para no tener que llegar al divorcio con molestias y desgaste que pueden evitar.

Y una vez divorciados, es muy sano pasar un año al menos sin casarse, para reflexionar sobre uno mismo, no tener temor a la depresión o a estar solos, y así poder observar nuestras expectativas.

El temor a la soledad es un tema muy importante. Cuando uno logra manejar la soledad y no sólo dejar de temerla, sino incluso aprovecharla para pensar, dedicarse a lo que le gusta y analizar su situación, la persona se vuelve más fuerte y jamás caerá en la trampa de sostener una relación por miedo o por necesidad.

¿Por qué cada persona reacciona de diferente forma?

La historia personal es muy importante: si nuestros padres eran cercanos o distantes o si fueron muy estrictos con nosotros. En general, todas nuestras experiencias influyen en las carencias que tenemos y por lo tanto en nuestras necesidades, las cuales trataremos de satisfacer en nuestra relación de pareja.

Cuando estas necesidades no son cubiertas por uno mismo, comienza una exigencia hacia la pareja para que las satisfaga; y las frustraciones encontradas producen mucho coraje y hacen que la relación esté llena de agresiones.

Cuando se establece una mala relación como ésta, la problemática y la agresión que aparecen en la película *La guerra de los Roses* (la historia de una pareja que se separa en una forma terriblemente violenta), se queda corta.

Ocurren situaciones como las siguientes:

Él cree que "ella no dice las cosas claras" o bien, ella piensa que "él mal interpreta" la distancia a la que puede o quiere funcionar ella; pide espacio pero no le da a él las mismas ventajas. Él protesta porque quiere que las reglas sean para los dos; ella cree que si él pide lo mismo que ella exige para la relación, entonces lo hace sólo por egoísmo infantil... Como podemos ver, la pareja llega a un círculo sin salida fácil donde queda atrapada.

Cuando están así, sin disposición de dar o de cooperar, cuando sólo exigen al otro y se agreden constantemente, o se trata de ver quién gana y quién fastidia más al otro; y si además no pueden hablar de esta situación frente al terapeuta y asumir cada quien su responsabilidad, tenemos un mal pronóstico para la relación: una lucha por el poder. ¿Por qué tienen tanta necesidad de ganar?

Ante un pleito como éste, los hijos se ven afectados y pueden mostrar diversas reacciones ante la posibilidad de divorcio de sus padres, como las siguientes (entre otras):

Temor, sentimientos de pérdida, tristeza, inseguridad, preocupación por el bienestar de los padres que están tristes; los niños se sienten rechazados, desesperanzados, con impotencia, culpa; no ven al divorcio como oportunidad para tener una mejor calidad de vida sino que lo viven como un fracaso que afecta a su familia. Puede ocurrir lo siguiente:

> Dina es una mujer de 34 años que se separa de Julián, su marido, después de que éste hace un fraude en el negocio, que Dina había puesto recientemente de exportación de flores, y en el cual Julián colaboraba. Al revisar su situación en terapia, Dina se dio cuenta de cuántos años llevaba manteniendo a Julián, de quien, además, tenía dudas en cuanto a su fidelidad, aunque no podía asegurar nada. Al separarse, ella se va, con sus dos hijas, a vivir a otra ciudad, a casa de unos parientes cercanos que la reciben y le ayudan a pagar sus gastos, y a inscribir a sus hijas en la escuela.
>
> Julián se presenta en esa ciudad y con el máximo cinismo, quiere llegar a alojarse en la misma casa, y lo peor del caso es que la familia lo acepta, aun sabiendo lo que le hizo a Dina. Las hijas salen con Julián a comer después de no verlo en dos meses y él les informa que no quiere divorciarse de la madre pero que ésta no lo acepta y está enojada con él, pero no les dice realmente el motivo. Así, Julián manipula hábilmente a las niñas haciendo ver que Dina es "la mala del cuento". Como él no trabaja y no tiene dinero, les da lástima y ellas quieren protegerlo (aunque él no las mantenga ni le preocupe si van a la escuela o no, porque finalmente la familia con la que se alojan es la que paga todos los gastos).

Vemos lo difícil que ha sido para Dina llegar a los trámites del divorcio ya que, como él "no quiere divorciarse", la obliga a recurrir al divorcio necesario y quizás esperar dos años para tener una causal que argumentar, puesto que las del código son bastante anacrónicas y difíciles de comprobar, es muy complicado incrustar las causas reales entre las que marca el código.

Los hijos se dañan mucho y se debería legislar más en este sentido para apoyarlos, y no permitir que la patología de los padres oscurezca su camino. Qué difícil y qué gran responsabilidad es la elección de la pareja adecuada.

❖

Sin embargo, **no todo es negativo en las separaciones**. En el siguiente ejemplo menciono un caso en el que la pareja que se divorció atravesó el proceso de una manera más madura, sana y civilizada. Aunque también pasan momentos muy difíciles, se deprimen y se enojan, pero los hijos salen mejor librados:

> Jaime llega un día a su casa después del trabajo y luego de mucho reflexionar le dice a Elsa, con quien llevaba 20 años de casados y tres hijos de 17, 18 y 19 años: "he pensado mucho y he decidido que quiero separarme de ti, eres una persona valiosa, guapa, inteligente, pero nuestra vida es aburrida; quizás porque nos casamos muy jóvenes, ya no hay atracción de ambos lados y no quiero seguir viviendo así. Tengo 40 años, tú tienes 38, no tenemos preocupaciones económicas, podemos intentar pasar esta nueva etapa de la vida con una mejor calidad que la que tenemos actualmente". Y se salió de su casa después de hablar con los hijos y asegurarles que siempre estaría presente para lo que necesitaran (y en efecto, así ha sido).
>
> Jaime rentó un departamento, disfrutó decorarlo, era su espacio. No tenía ninguna relación amorosa con otra

persona en ese momento, y empezó con ánimos nuevos proyectos. Han pasado cuatro años de esto y sigue pensando que hizo lo mejor, ha salido con diferentes personas y actualmente tiene una relación de pareja con una mujer con la que han acordado vivir cada quien en su casa.

Por otro lado, Elsa, aunque sabía que Jaime tenía razón y que en su relación de pareja ya se había terminado el amor y estaban un poco hartos de vivir juntos, recibió la noticia de la separación como un balde de agua fría; lloró varios días pensando que Jaime era un desgraciado, que andaba con alguien, que estaba en la crisis de los 40 años, que era homosexual, ratero, narcotraficante. Sus amigas la incitaban a agredirlo y ella, ingenua, les hacía caso. Al paso del tiempo y de la terapia, se dio cuenta de que Jaime tenía razón, y que no se había separado por estar con otra persona sino que había sido honesto y valiente al plantearle el asunto. Otras personas siguen en una relación aburrida o desgastante que cada vez se vuelve más conflictiva y la complican con infidelidades que lejos de resolver su situación, la empeoran.

Elsa empezó a tener actividades de tipo cultural que eran una asignatura pendiente para ella, conoció algunas personas con las que le daba miedo salir al principio, tuvo algunas malas experiencias porque era muy ingenua, porque nadie le había enseñado esta parte de la vida; encontró hombres que sólo querían una aventura y ella se frustraba porque no era lo que buscaba. Finalmente encontró una pareja adecuada que quería una relación formal, pero ella todavía no estaba lista y prefirió terminarla.

En esta separación los hijos no tuvieron conflicto, porque seguían conviviendo con sus padres y solamente al principio fueron involucrados cuando Elsa estaba enojada y hablaba mal de Jaime. Este caso es un ejemplo de la manera en que la pareja se puede separar sanamente.

❖

La buena relación con los abuelos puede beneficiar a los hijos pequeños cuando una pareja se divorcia. Esa relación debe ser permitida, sobre todo si los abuelos se muestran neutrales. Los abuelos maternos ven más a los nietos pequeños, pues generalmente viven con la madre; en cambio, que los paternos los vean, depende mucho del tipo de relación que tengan con la ex nuera y de cuánto se relaciona el padre con los niños. Cuando los abuelos usan tal cercanía para envenenar a los chicos hablándoles mal del progenitor que no es de su familia, esa relación debe ser evitada a como dé lugar, porque los niños llegan a estar muy expuestos a su influencia, y no se vale que los manipulen de esa forma, y dañen la relación paterna o materna.

## Pelea por la custodia de los hijos

Cuando las personas tienen que recurrir al divorcio necesario para salirse de la relación, encuentran dificultad en la legislación actual para encontrar una causal de divorcio real, ya que las causas por las que todos pensaríamos que es válido recurrir al divorcio no existen en la ley; y si tienen que optar por una de las existentes, parecería página de la nota roja pues habría que mentir o exagerar, o tendrían que esperar un año o dos de separación para que ésta funcionara como causal de divorcio. Valdría la pena que los diputados encargados de actualizar las leyes contemplaran este punto.

Los divorcios necesarios son uno de los asuntos cada vez más comunes y dolorosos para todos los participantes y una de sus partes es la pelea por la custodia de los niños. Este problema es visto con mayor frecuencia y aun cuando los datos del último Censo General de Población y Vivienda muestran un aumento considerable en el número de divorcios, esta cifra todavía queda por debajo de lo que encontramos diariamente en la práctica clínica. Los últimos reportes llegados de Estados Unidos de América, indican que más de 50% de los matrimonios terminan en divorcio, lo que significa que más de un millón de niños al año se ven involucrados en un divorcio.

Las personas creen que quien se quede finalmente con los hijos habrá ganado la batalla. Cada uno cree que obtener su custodia significa que es el bueno o la buena. La pelea por la custodia de los hijos es encarnizada porque junto con los bienes, los hijos son considerados el botín.

Y utilizo el término "pelea" por la custodia, porque la palabra pelear significa: "afanarse por conseguir algo", "luchar por algo". ¿Qué significa en estos casos ganar? ¿Ganar la lucha por la custodia significa realmente ganar? ¿Ganar qué? ¿Satisfacer un deseo de venganza sobre el otro? ¿Mostrar quién tiene más poder? ¿Agredir al ex cónyuge? ¿Demostrar que el otro es el culpable? ¿Negar la propia responsabilidad?

❖

Mostraré como ejemplos los siguientes casos en que el padre o la madre dejado intenta manipular la situación por medio de la custodia de los hijos. No reparan en el daño que les ocasionan a los chicos.

En un caso legal de disputa por la custodia, los niños serían presentados ante el juez. Javier, el padre de los chicos, quería la custodia sólo para fastidiar a Mónica, la ex que se había atrevido a separarse, pero en realidad él no podía tener a los chicos.

Javier incitaba a los niños a que le dijeran al juez que ellos deseaban vivir con él; los niños no querían hacerlo, ya que vivían muy a gusto con su madre y le temían a su padre. Él los trataba como si fueran retrasados mentales, forzándolos a decir lo que no era cierto y esto los confundía. Uno de ellos decidió no ver más al padre si éste lo seguía presionando para vivir con él. Pero esto provocaba en el niño grandes sentimientos de culpa.

Ramiro afirmaba que Julieta era incapaz como madre para atender a su hijo y que conseguiría testigos falsos para quitarle la custodia del menor. Todo fue originado porque ella ya no quería vivir con él por su problema de alcoholismo.

Claudia era una mujer psicológicamente enferma, pero obtuvo la custodia de los dos hijos pequeños; el juez acordó que el padre sólo los vería un día a la semana. Joaquín, el padre de los niños, firmó con tal de obtener el divorcio, pensando que en la práctica podría verlos en más ocasiones.

Resentida con Joaquín por haberse separado, Claudia abusa del dictamen y le dice a Joaquín que si no hace lo que ella dice, no dejará que vea a los niños más de lo que dice el convenio. Una noche, cuando los niños están con Joaquín, en pijama, viendo la televisión, Claudia llama por teléfono; eran las nueve. Le dice que le lleve a los niños porque se va de viaje con ellos. "¿Ahorita?", preguntó Joaquín. "Sí", dijo ella. "Pero es viernes y no circulo." "Pues no me importa, tráemelos, porque si no, no los vuelves a ver." Joaquín se los tuvo que llevar y Claudia se fue de viaje esa misma noche...

## *El ambiente en la pelea por la custodia*

A continuación haré una descripción del ambiente que rodea los casos donde la pareja pelea la custodia de los niños; describiré todos los elementos involucrados y el papel tan importante que juega el psiquiatra infantil.

En casi todos los casos de divorcio existe un gran cúmulo de resentimiento, coraje y culpa que hacen que muchos de estos procesos sean más complicados de lo que ordinariamente serían, y es precisamente bajo este clima cuando se producen las luchas por la custodia de los hijos, que son, por desgracia, cada vez más frecuentes y que convierten a los niños en seres indefensos en medio de esta lucha.

Los niños se angustian hasta el grado de mostrar manifestaciones somáticas como gastritis, úlcera, caída de pelo, dermatitis, o también presentan bajo rendimiento escolar. Están tristes, enojados, se aíslan, están irritables, pelean con sus compañeros y lloran.

Por otro lado, se sienten pieza importante del juego, se saben objetos valiosos, poderosos e intentan manipular a los padres para obtener sus satisfacciones –sean estas reales o irreales. Las técnicas de manipulación que empleen serán de acuerdo a su edad y a la vulnerabilidad que sienten en los padres.

En los casos en que los niños van a terapia, cada vez con mayor frecuencia se solicita en los juzgados la participación del terapeuta del niño, el cual debe actuar con mucho cuidado, pues aunque tenga la mejor de las intenciones, es posible que su intervención dañe a su paciente y a la relación terapéutica.

El terapeuta generalmente piensa que un reporte al juez será suficiente, pero cuando el reporte entra a los procedimientos judiciales, cualquiera de los abogados se halla en la libertad de solicitar que comparezca el terapeuta, intentando que amplíe la información sobre el caso; este hecho puede amenazar la confidencialidad del material del paciente.

Podría pensarse que el terapeuta que conoce bien a su paciente está en una excelente posición para opinar sobre el futuro de un chico, pero no siempre es así, pues hay varios factores que no le permiten ser objetivo. A veces podría inclinarse a favor del padre que piensa que es al que conoce mejor pues es el que lleva el chico a la terapia. Es también posible que el psicoterapeuta sólo tenga información del caso a través del padre que tiene la custodia y podría llegar a conclusiones sin haber escuchado el otro lado de la historia, y aunque el terapeuta del niño conozca la psicodinamia del caso, las disputas sobre las custodias no se deciden con base en esos datos.

Muchas veces el terapeuta acepta comparecer ante el juez porque cree que su testimonio es necesario para que el niño sea asignado en custodia a determinado padre que él considera es el más adecuado, pero también suele suceder que lo acepte porque es la única forma de asegurarse de que el niño continúe en terapia. Ya que si la custodia cambia, el nuevo padre custodio puede decidir que el niño no continúe en tratamiento; pero, si un terapeuta aceptara comparecer por mantener la alianza con el padre custodio, su testimonio no sería realmente objetivo.

Para evitar este tipo de complicaciones, algunas clínicas o departamentos de psiquiatría infantil establecen políticas de trabajo que limitan la participación de sus miembros en tales situaciones.

El testimonio del terapeuta puede afectar el resultado del caso de manera opuesta a como él cree que será, pues el abogado contrario puede utilizar la información clínica fuera del contexto y darle el uso que a él le convenga.

También puede afectar la terapia cuando el niño se da cuenta del poder que se le otorga al terapeuta para decidir sobre su futuro o su vida, o porque al escuchar el testimonio puede sentirse criticado o expuesto en sus confidencias, lo cual acaba con la confianza en su terapeuta.

### *Recomendaciones*

Con el objeto de ayudar al chico involucrado en estos casos, y al mismo tiempo obtener las ventajas de la intervención del psiquiatra de niños en el juzgado y evitando las desventajas antes mencionadas, se recomiendan los siguientes tres pasos:

1. El terapeuta del niño evitará su participación en el juzgado, ya sea con su presencia o mediante sus reportes.
2. Cuando el terapeuta sea invitado por cualquiera de los padres, abogados o jueces a participar en el caso presentándose al juzgado, recomendará a un terapeuta

con entrenamiento en psiquiatría infantil y en terapia de pareja, con experiencia en el manejo de estos casos y ajeno al proceso de terapia, explicándoles las desventajas que tendría su propia participación.
3. El terapeuta del chico compartirá la información pertinente al caso con el psiquiatra infantil participante.

En los casos en que el niño no está en terapia, cada vez con mayor frecuencia los abogados o el juez piden la participación de un psiquiatra de niños y adolescentes.

## La participación del psiquiatra infantil en el pleito legal

Veremos ahora cómo se lleva a cabo la participación del psiquiatra infantil en el caso y algunas recomendaciones al respecto.

El psiquiatra generalmente es abordado por alguno de los padres del chico en cuestión, solicitando una cita para exponer su punto de vista del caso.

El psiquiatra escucha esa versión y debe mantenerse neutral, citar a la parte contraria dándole la confianza necesaria para que aporte su punto de vista, recordándole que su postura es neutral, independientemente de quien lo haya contratado y que su único interés es el bienestar del chico. Las entrevistas son estrictamente confidenciales. Se realizan entrevistas con los padres, el niño y cualquier persona que el psiquiatra juzgue conveniente por su relación con el niño o para el mejor entendimiento del caso. Además se cuenta con el reporte de pruebas psicológicas.

El psiquiatra se encuentra en una situación muy difícil porque, buscando lo mejor para el niño, debe lograrlo sin entrar en confrontación con los padres, y esto no siempre es posible ya que ellos están en una guerra constante.

El terapeuta debe estar alerta de los intentos de manipulación de cualquiera de los padres o del niño, y al mismo tiempo tener la habilidad terapéutica para manejar las resistencias, las depresiones y las agresiones abiertas o encubiertas que se presenten, evitando que la negociación se convierta en un campo de batalla sin salida, donde no sólo nadie gana sino que todos pierden, incluso el niño o los niños.

Al tener la información del caso, a través de las entrevistas y de las pruebas psicológicas, se llega al momento de realizar un dictamen que contenga, de la manera más completa, objetiva, descriptiva y dinámica la recomendación del caso para el juzgado.

Dicho informe es sumamente importante y debe hacerse cuidando hasta el último detalle para que no se preste a malas interpretaciones o a un mal uso por alguna de las partes.

El contenido del informe se va comentando con los padres durante la evaluación y así ellos se dan cuenta de cómo se van trabajando los diferentes puntos, haciendo hincapié en que la ventaja es, en última instancia, para el niño. Igualmente se darán cuenta de sus propios sentimientos de agresividad, de orgullo, de sus deseos de ganar y lo que eso significa, y de qué manera bloquean un feliz o, por lo menos, mejor desenlace del caso.

Antes, tendíamos a pensar que, si los padres se divorciaban, automáticamente los hijos quedaban dañados. Qué idea más falsa: los niños siguen teniendo papá y mamá que los atienden y se preocupan por ellos, los quieren y les ponen límites, les hablan y, muchas veces, los ven más tiempo que en la familia biparental.

Por otro lado, en las familias biparentales los chicos viven momentos muy tensos cuando tienen padres alcohólicos, si la madre lleva años tomando antidepresivos o si el padre tiene otra familia con hijos y la madre, si bien se da cuenta, no quiere o no se atreve a divorciarse, aunque su existencia sea lamentable. En ciertas familias de padres casados llegan a la violencia física. El estrés que producen en el medio familiar es mayor que el de muchas familias divorciadas. Así que no *nos vayamos con la finta* de pensar que, como están casados, viven felices o que, porque están divorciados, cargan el estigma de que los chicos tendrán problemas escolares o sociales.

Todo puede suceder en cualquiera de las familias. Muchas veces a los hijos les va mejor cuando los padres rompen el estilo de vida que tenían, frustrante o limitante, agresivo o descalificador, para salir a uno más libre, en el que se permitan ser ellos mismos. El cuidado de los valores personales puede hacerse desde cualquier familia, biparental o divorciada.

Antes, hablar de divorcio implicaba sólo temas negativos. Ahora, es más fácil obtener modelos de personas que viven felices tras el divorcio, con reglas, valores morales, chicos exitosos. Por eso, asistir a conferencias o cursos y leer libros sobre el tema ayuda mucho para identificar las novedades al respecto. También cabe usar esta obra como un mapa de la ruta que otros han recorrido y que comparten para ayudar a los siguientes a no sentirse tan perdidos.

Me platicaba Alejandro que quería divorciarse de Ximena, su esposa por 10 años. Pero lo que más le preocupaba eran sus hijos, que el divorcio los dañara. Es un pesar frecuente y, como pasa en esos casos, Alejandro se asesoró para evitar un daño. En otras situaciones, el "para no dañar a los hijos" se usa como pretexto para no divorciarse, porque hay miedo de hacerlo.

Alejandro me contaba que a veces, por la noche, cuando todos dormían, se sentaba en la sala a pensar en lo que vendría, cómo se sentiría al divorciarse, que pasaría en Navidad, cómo traería Santa Claus los juguetes a los niños. Ponía la música que le llegaba hondo, y las lágrimas le surcaban las mejillas.

Divorciarse es duro, pero peor seguir en la relación enferma o inexistente. Alejandro se divorció y, después de un tiempo, empezó a salir con una nueva pareja. Hoy no se arrepiente de haber acabado valerosamente con una relación que no permitía ser ellos mismos a su esposa ni a él, una relación en que se sentía atrapado.

## En resumen

La separación de la pareja provoca enojo en los cónyuges, quienes con su juicio de realidad alterado por sus sentimientos confusos y mezclados, sólo quieren "desquitarse" de lo que "el otro" (o "la otra") supuestamente les hizo.

La dificultad para separarse agrava el problema. Aunque la relación amorosa haya sido satisfactoria o constructiva, ésta puede convertirse en odio y dificultar la separación. Es indispensable el olvido como prerrequisito para el cambio y también aprender a soltarse del pasado a fin de salir adelante y estar en capacidad de establecer una nueva relación.

Si no pueden separarse desde lo más interno, corren el riesgo de envenenar su vida y la de sus hijos.

En las relaciones hay que aceptar que todo tiene un principio y un fin, y que cuando una etapa de la vida termina, una nueva comienza.

Cuando ocurre la separación emocional, los individuos tienden a deprimirse, enojarse y confundirse. Sus decisiones son generalmente irracionales y muestran poco juicio y tendencias autodestructivas.

Los niños, junto con sus padres, viven el difícil momento de la separación. Es un período lleno de pasiones en el cual se pierden afectos, cercanía, atenciones, comodidades, situación económica y status en forma brusca y definitiva, causando una frustración que será especialmente dolorosa.

Más que la propia separación, lo que afecta a los niños es el ambiente previo de pleito: la angustia, el conflicto y el estrés que vivieron en su familia.

Pero también se enfrentan a una nueva etapa que puede ser la oportunidad de una vida mejor para todos.

# 2
# Soltar la relación anterior

El proceso de soltar la relación con el ex cónyuge es lento y difícil, pero es un requisito necesario para seguir el camino del desarrollo con éxito. Es un paso necesario para seguir "viviendo".

Aunque ya no soportemos a la pareja, soltar la relación anterior siempre da miedo porque no sabemos exactamente qué significa vivir separados, pero sí sabemos que tendremos que enfrentar una situación desconocida.

Este miedo puede ser la causa de que optemos por seguir un camino tortuoso en el que hay momentos de espanto que nos desgastan, o que nos hacen continuar "revolcándonos en la porquería", es decir peleando y desgastándonos en una relación que ya no tiene remedio, como bien lo definiera el doctor José Antonio Emerich en una comunicación personal.

> De 46 años, divorciada hace 3, Claudia "no encuentra" trabajo adecuado a sus necesidades. Ella lo quiere por las mañanas, cerca de casa y bien pagado. Desea dedicar las tardes a sus hijos adolescentes. Sigue "dependiendo" del ex marido, quien volvió a casarse y lo pretexta a fin de no darle dinero suficiente para los gastos de la casa. Siempre

anda sin dinero, pues el sueldo del trabajo que finalmente encontró lo destina íntegro a compensar lo que el ex marido no le da..

Claudia no ha dejado atrás la relación anterior y, con tal de mantener el estatus, vive aún en una casa enorme en Las Lomas de Chapultepec, aunque le aconsejen venderla y, con el 50 por ciento que le correspondería, cambiarse a una más práctica y pequeña, ya que sus hijos adolescentes pronto dejarán de vivir con ella. También le serviría para capitalizarse un poco. Se resiste, discute con el ex por dinero, se enfurece con él, y no está lista para la oportunidad de vivir la nueva experiencia que da emprender un rematrimonio cuando quedan resueltos los conflictos de la etapa anterior.

❊ ❖ ❊ ❖

Nos podría pasar lo que a Lourdes, que tenía 23 años y soportaba golpes de su esposo y humillaciones de su suegra. Ella decía que no se separaba porque le atemorizaba volver a empezar. ¡A los 23 años!

Hemos observado que las personas que tienen una gran tolerancia al dolor, es decir que aguantan mucho los problemas con la pareja, presentan características de codependencia y en muchas existe el antecedente de haber tenido un padre alcohólico. En general, en estas parejas existe una gran insatisfacción y un enorme resentimiento. Los hijos aprenden lo que viven y lamentablemente tenderán a repetirlo en sus respectivas familias.

Para liberarnos de la relación anterior nos encontramos con dos obstáculos: uno de nuestra parte para soltar y otro de parte del ex cónyuge, para dejarnos ir. Es muy común justificarnos con pretextos para no enfrentar el momento de separarnos.

Los dos cónyuges pueden anteponer múltiples pretextos. Ella: "él no me da dinero y no quiere pagar las colegiaturas, ni las actividades de los niños, como sus clases particulares o sus terapias; si me separo, ¿qué haría yo sola para pagar todo eso?" Él dice: "ella no funciona como mamá. No sé si haya empezado a salir con alguien; ella no quiere salirse de la casa; ni modo que me salga yo; no encuentro a dónde vivir, todo está muy caro. Cuando encuentre algo me salgo. Ya me veo sufriendo afuera y que ella se quede con la casa, ja ja. Y que después meta a otro... ¡Eso nunca!"

Algunos dicen: "en mi familia nadie se ha divorciado" o "cuando la tía Elsa se divorció, la veían como una apestada". "Cuando mi primo Juan se divorció, la familia nunca aceptó a su nueva pareja; no querían ni que entrara a la casa."

Cuando hay hijos, la separación se complica más, pues éstos pueden ser usados como pretexto por cualquiera de los padres para evitar el alejamiento. Así, alguno de los dos dirá: "los niños no quieren que te vayas"; o "los niños no quieren que me vaya". Así, seguirán juntos en una situación que no les gusta, sólo por temor a sepa rarse, o al "qué dirán" o a cualquier cosa que se les ocurra.

Los hijos también pueden manipular a los padres para impedir la separación. Pero cuidado: si el tiempo de caos –previo a la separación física– dura mucho, los niños serán seriamente afectados.

Muchas veces la gente comenta a la ligera: "en esa pareja él está muy mal y ella es una linda persona", o viceversa.

Sobre esto, el doctor Francisco Cantú Guzmán, Director de una clínica de adicciones en Cuernavaca, me preguntaba: "¿Has visto alguna vez, una jirafa que sea la pareja de un chango?" No. La jirafa anda con la jirafa, el chango con el chango, el conejo con la coneja. Esa "linda persona" que anda con ese "tipo tan enfermo", algo tiene que descubrir en ella misma que la ha llevado a relacionarse con esa pareja.

"Pobrecita de ella; ¿qué crees que le hizo el malvado y espantoso esposo ese que tiene...?" Es importante no juzgar a las personas porque vemos algún mínimo rasgo criticable, y menos dentro de una situación de pareja.

¡Cuidado! Si supiéramos qué le hizo esa "pobrecita mujer" a ese "malvado marido"... Cada caso es diferente y nosotros no debemos juzgar; si somos terapeutas, podemos escuchar las dos versiones y trabajar con ello; pero cuando en el ámbito social o familiar nos enteramos de algún caso, generalmente no podemos ser objetivos, como tampoco puede serlo la persona que nos lo platica. O esa persona disfruta del chisme y de tener algo que contar, o hay envidia mezclada en su comentario porque está hablando mal de alguien que en algún momento consideró mejor que ella misma (sea hombre o mujer). En realidad, numerosos factores están involucrados y no se ven, así que lo mejor que podemos hacer por nosotros y por los demás, es no juzgar, no meternos a opinar a favor de ninguna de las partes, no comprar pleitos; no aprovecharnos de los otros para opinar lo que nos gustaría que pasara en nuestra relación y no nos atrevemos a hacerlo, pero que fácilmente se lo sugerimos a los otros.

⁂

Ya separados, el miedo puede incitarnos a hacer una larga lista de expectativas que sólo provocarán que no encontremos a la pareja que nos sería útil en este momento porque nos ayudaría a confrontarnos con nosotros mismos. Por ejemplo: en la fase postdivorcio, hablando de las expectativas, Alejandro, de 49 años, recién divorciado de un matrimonio de 20 años, me describió a la mujer que le gustaría tener o que buscaba (sic): "edad: 28 a 35; blanca, de preferencia rubia, no exuberante; inteligente, universitaria o equivalente, que le guste la música. Que haya viajado, que tenga cultura, que le guste comer bien, que no sea vulgar, que tenga sentido del humor, que sepa cocinar, que sea jovial, tierna y sensual. Que le guste bailar y cantar. Que no se muerda las uñas... ahí lo dejo porque no tengo tiempo para continuar la lista..." Alejandro pasaría mucho tiempo soltero... por razones obvias.

Varios años más tarde, después de algunos intentos por formar una pareja –que terminaban siempre de manera repentina– Alejandro se involucró con una joven de 20 años, que casi no hablaba, tenía costumbres diferentes a las de él; un nivel académico básico y… no era rubia, ¡aún así se sintió afortunado! "Después de unos años de soledad, aceptas lo que sea", comentó un amigo suyo "¡y más si por su diferente nivel te hace sentir que eres lo máximo!" El pronóstico de esta relación es malo, sería muy difícil que sortearan todos los obstáculos que, como a todos, se les presentarán.

Lograr un mayor desarrollo personal es importante para que no nos engañemos, para que no busquemos excusas y no nos justifiquemos por no querer enfrentar nuestra problemática a la cual tememos. Por ejemplo,

Alejandro, en vez de detenerse a analizar su caso, intenta tapar el sol con un dedo relacionándose con una mujer que, lejos de confrontarlo con su gran ego y su vanidad, le rinde admiración como a un papá que la pasea, la educa, la cuida y la protege.

## Qué significa soltar

Cuando alguien se divorcia vive una pérdida y experimenta una identificación con el objeto perdido, es decir con la ex pareja. ¿Qué significa esto?

Cuando perdemos a un ser querido, por ejemplo, cuando se muere el abuelo, de repente nos observamos realizando algunas actividades que él hacía, o de pronto sentimos más afecto por la naturaleza como él lo hacia, o empezamos a degustar una copa de vino tinto que antes no nos gustaba tanto, pero que era costumbre del abuelo. Esta apropiación de algunas de las características del objeto perdido (en psicoanálisis llamamos objeto a una persona, animal, o cosa indistintamente, con quien se establece una relación) hace que lo tengamos presente y de esta manera nos defendemos del dolor de aceptar su ausencia.

Es una reacción normal, natural, que al elaborar el proceso del duelo, es decir, aceptar que esa persona ya no está, nos permite seguir viviendo libres de esa relación. Si no la manejamos adecuadamente, esta relación nos mantiene sometidos a una persona que ya no está en la realidad pero sí en nuestra mente. Y esto nos dificultará relacionarnos con otra persona, pues seguimos atados al pasado.

Esto hace que cuando elijamos a la nueva pareja, si no hemos resuelto el conflicto anterior o si no hemos logrado la separación adecuada, la siguiente persona que elijamos tendrá aspectos similares a la que acabamos de dejar y ello ocasionará que el divorcio tenga muy altas probabilidades de volver a ocurrir. Muchas personas dicen: "me tocan iguales, como cortados por la misma tijera", o: "¿qué no hay de otros?"

Cuando me refiero a soltar la relación anterior hablo de poder separarse o soltarse, no sólo del la ex esposo o la ex esposa, sino de todo lo que está implicado en esa relación: toda una gama de situaciones emocionales y actividades, derivadas de estar en esa relación. Uno debe desapegarse de la persona con quien vivió tal vez muchos años, desprenderse de lo que esa persona significaba o representaba para nosotros.

El desapego es difícil porque hay muchos factores implícitos. Es común que ocurra lo que a Marcela, una mujer bastante infantil e insegura que se casó con un hombre mayor; para ella, él representaba la seguridad que su padre no le dio; estar con este hombre tenía ese valor agregado que le dificultaba tanto separarse.

Debemos saber qué implica para nosotros la separación y muchas veces implica confrontarnos con una realidad que posiblemente no nos gusta. A veces la separa-ción física puede haberse dado ya y este soltarse o desapegarse (*detachment*, en inglés) puede no suceder en años. Hay mujeres que después de divorciadas siguen usando el nombre de casadas y hombres que siguen refiriéndose a "mi casa" aunque ya no vivan ahí.

También puede ocurrir lo que a Griselda: ella sentía que pertenecía a la nobleza porque su marido tenía mucho dinero, su nivel de vida era alto y su círculo de amistades era muy selecto; al separarse, ella se confrontó con que esa vida de lujos pertenecía al mundo del marido y dejarlo a él significaba para ella separarse de ese tipo de vida. Le costaba mucho trabajo hacerlo porque su escolaridad llegaba sólo a estudios secretariales y, si tuviera que trabajar, la situación sería complicada.

Aunque es muy difícil desapegarse del modo de vida que uno llevaba, es necesario aceptar que empieza un capítulo nuevo al que puede traer lo que considera positivo y que ya forma parte de uno mismo; pero hay que hacerlo sabiendo que el escenario es nuevo, diferente y que por lo tanto el resultado puede ser distinto. Hay que tener la flexibilidad necesaria para salir avante en estos momentos.

Lo nuevo es diferente. Ya sea solo o en pareja. Quizá uno no tenga la misma situación económica, posibilidad de viajes o compras que antes. Pero también los malos tratos, los malos momentos, las vejaciones, no poder ser uno mismo, estar "fracturado" para poder sobrevivir, se dejarán atrás; este desapego es necesario para ser libre y es fundamental para aceptar la nueva forma de vida posible y disfrutarla.

¿La problemática del divorcio existía antes o es un mal exclusivo de la época actual?

Se dice que con la liberación femenina ha aumentado el número de divorcios ya que han cambiado positivamente las reglas del juego masculino-femenino y las modalidades en sus relaciones. Hoy es importante que la mujer exija su espacio y sus derechos pero no sólo con palabras sino demostrando que puede. La "liberación" implicaría esa capacidad de superación, cambiando los lugares donde la mujer "fue puesta", a los lugares donde ella quiere estar. Donde ella merece estar. Pero exigir algo sin que las acciones y los logros lo respalden, no sirve de nada.

Por eso, al soltarse de la relación anterior, la mujer debe sentir que tiene el control de su vida, que está comprometida con ella misma, con su trabajo, su familia y sus valores.

Es muy importante desprenderse de la relación anterior porque cuando uno inicia una nueva relación habiendo salido de otra, es muy fácil contaminarla con la problemática anterior; o caer en provocaciones o pleitos que lo llevarían a una repetición de la fase conflictiva que vivió y de la cual salió al divorciarse.

A continuación veremos algunos casos reales que muestran la manera en que no soltarse afecta la siguiente etapa de la vida y la elección de una nueva pareja.

> Pilar es una mujer joven de 30 años y viuda hace dos; tiene dos hijos: de 6 y 4 años respectivamente. Lleva esos dos años tratando de aparentar que todo está bien, pero está irritable, difícil, explosiva con los niños, y otras veces excesivamente tolerante. Aparentemente desea conocer a alguien para que su familia vuelva a estar unida y completa pero realmente no tolera que nadie se le acerque pues aún no procesa la pérdida de la pareja. Los hombres que se le acercan, obviamente no conocen su proceso psicológico, quieren tenerla cerca y esto a ella la amenaza fuertemente. Al único que aceptó fue a un hombre de 37 años, soltero, que vivía con su madre divorciada. Este personaje también tenía conflicto para estar cerca y aceptaba de mil maravillas que ella no dejara ni que la tomara de la mano.

Al paso del tiempo, cuando ella permitió mayor cercanía, se dio cuenta de que él tenía un problema serio de homosexualidad latente.

Laura es una mujer divorciada, de 43 años, a quien el marido dejó porque "no tenían nada en común". Su única hija se había ido a estudiar al extranjero. Primero pasó por una etapa depresiva importante con mucho coraje; insultaba al ex marido, aunque éste había sido muy honesto con ella y se había separado civilizadamente y con respeto, sin que hubiera otra mujer de por medio. Simplemente no quería vivir más con ella, aunque era joven, y no quería desperdiciar la vida que le quedaba. Ella estaba tan enojada consigo misma por haber sido dejada que no podía ver objetivamente en ese momento a las personas que se le acercaban. Cada vez que terminaba con alguien me decía que se arrepentía por no haber podido mantenerlo con ella, como sucedió con el marido, y expresaba nuevamente su coraje hacia el recién fallido intento –y de paso, hacia el ex marido.

Mientras no esté lista para superar la rabia inmensa que siente, no podrá tener una relación libre de ser contaminada por su pasado.

❋ ❖ ❋ ❖

Iracundo, cierto amigo me decía: "Nunca te divorcias realmente de la mujer con quien procreaste." Tiene un hijo de 20 años de su primer matrimonio, y otro de 5 de la segunda esposa, con la que está en trámites de divorcio.

Aquí vemos varios aspectos: puesto que se separó de su segunda mujer hace relativamente poco, seis meses, todavía no abandona la relación y, por lo mismo, tiene la fantasía de estar siempre "ligado" a la segunda esposa.

Claro que siempre seguirán siendo papás de los hijos, pero eso no quiere decir que esté “ligado” a la ex esposa.

De hecho, ese amigo tampoco se ha “soltado” de su primera esposa. Entonces, pensamos, tiene un problema de separación. Esto lo lleva a cargar responsabilidades ajenas, ya que la primera esposa lo endilga con sus problemas emocionales y financieros. Terminó con una novia porque la ex le llamaba por teléfono para platicarle su día, a sabiendas de que no estaba solo, pues él no podía poner límites. Está muy enojado con la ex, que no lo respeta y, consigo mismo porque no fija límites.

Soltar la relación anterior es soltarnos de esa rabia porque, de no hacerlo, ésta será la que continúe ligándonos al pasado.

## El coraje, la tristeza y la depresión

El coraje y el divorcio van juntos, al igual que el amor y el matrimonio. Pero es necesario dejar ir ese coraje, porque si no, te mantendrá unido a tu ex cónyuge.

> Lucía es una mujer de 39 años a quien Claudio dejó. Él se quejaba de los malos tratos a los que ella lo sometía. Aunque aparentemente ella fue dejada, al estudiar su caso vemos que fue ella quien provocó que él se fuera. Esta pareja no tenía la capacidad que vimos en el caso anterior de soltarse sin conflicto.

¿Por qué tanta agresión?

La agresión puede provenir de diversas fuentes: de la

frustración y resentimientos que han estado guardados por años; de las expectativas puestas en la pareja y que no se cumplieron; de las pérdidas y decepciones; de las necesidades de amor y afecto frustradas; de la incertidumbre sobre el futuro; de sentimientos de haber sido explotado, traicionado, lastimado y humillado; de heridas a la autoestima; sentimientos de desesperanza; y, por supuesto, de conflictos genuinos de interés sobre las propiedades, la custodia y el pago de la pensión.

No es muy reconfortante saber que la intensidad de su rabia o coraje refleja la importancia que la relación ha tenido en su vida. Si ya no le importara tanto, no habría razón para estar tan enojado o enojada por algo que ya se terminó.

Tener esa liga será mas negativa que positiva. Por tu bien, debes eliminar las ligas con tu ex pareja. Así tendrás la posibilidad de formar otra vida donde tu ex no tenga poder sobre ti, ni dispare reacciones emotivas en ti ni tú en él. Debes soltar tu coraje y resentimiento.

No es fácil desprenderse de ese enojo. Wallerstein reportó que 50% de las mujeres y 33% de los hombres después de 10 años de divorciados todavía sentían coraje por su ex cónyuge.

El esposo que no suelta su coraje se daña a sí mismo y a sus hijos. Gastar la energía emocional en el coraje y la venganza no permite usarla para construir una nueva vida. Uno vive envenenado y amargado.

El tiempo en que se consuma la separación es una época difícil. En este momento uno está a la defensiva, muy sensible y vulnerable. A veces uno se siente como si anduviera en una lancha esquiando y, cuando se cae, le cuesta trabajo soltarse; entonces la lancha lo arrastra y se golpea, se desgasta y se lastima. Si es el ex cónyuge quien maneja la lancha, podría acelerar y pasarlo a uno por las piedras, la arena y las boyas. También, podría parar el motor para que se suelte, o hacerle pasar la lancha por encima para que se ahogue.

❖

Éste es un poema que expresa la ventaja de la distancia y de la intimidad bien manejadas:

> Amaos...
> Mas no hagáis del amor una prisión,
> permitid que haya espacios y dejad que los vientos dancen entre vosotros.
> Cantad y danzad juntos, sed alegres,
> pero dejad que cada uno esté solo,
> como lo están las cuerdas del laúd,
> a pesar de estremecerse con la misma música.
>
> Erguíos juntos
> mas no muy próximos,
> las columnas del templo se plantan firmes y separadas;
> el encino y el ciprés no crecen el uno a la sombra del otro...
>
> JALIL GIBRÁN

Estos versos hablan por sí solos, y se aplican lo mismo si uno está solo que si está en pareja. Siempre es tiempo de nutrirse en soledad.

Al soltar una relación, uno puede atravesar por períodos depresivos perfectamente naturales, que no deben asustarnos. En realidad son una magnífica oportunidad y debemos aprovecharlos para crecer. Elizabeth, que atravesaba por un momento como éste, escribió:

> ...Siento muchas ganas de escribir...
> En el mar de la tristeza, es fácil sumergirse para encontrarse con uno mismo,
> para encontrar la vida que uno ha tenido; las penas vividas, las alegrías;
> nadar y sumergirse,
> llorar
> y que las lágrimas se confundan con el agua salada del mar
> aumentando su caudal,
> compartir la alegría con los peces y animales que viven con nosotros.
> Salir más fuerte siempre
> con ideales e ilusiones a seguir
> conociendo lo que somos, lo que tenemos y lo que no tenemos.
> ¿En quién o en qué piensas cuando te sientes tan solo o tan sola?

En esos momentos de soledad y tristeza, llegan pensamientos depresivos. Tal vez piensas en los hijos, lo importantes que son para ti, estén viviendo contigo o no. La liga de sangre con ellos es muy fuerte: recuerdas escenas, alegrías, sientes culpa por algo que hiciste o dejaste de hacer. Los vives solo, desamparado y lloras por eso en tu soledad, tocas afectos muy tempranos que pertenecen a la infancia, que están guardados en lo más profundo de tu ser; ellos ahora hacen su vida y ni idea tienen de lo que estás pasando; déjalos ir, déjalos ser. ¡Suéltate!

❖

¿Existe la adicción a la tristeza?

Cuando estás triste puedes ver dentro de ti y obtener la sabiduría y el crecimiento, pero no es que seas adicto a sentirte triste, aunque en estos momentos de tantas pérdidas parezca que sólo ese estado se da en ti. No hay que temerle a la depresión, aprovéchala para conocerte y crecer y si lo haces con ayuda profesional, mejor.

Suelo decir a mis pacientes que si estuvieran nadando en las aguas del mar en Cozumel, verían las olas brillar con el sol en la superficie, como si fuera un mar brillante de plata, pero si tomáramos un visor y nos adentráramos en un clavado hacia abajo de esa superficie brillante, veríamos un sinfín de belleza: peces de colores, plantas inimaginables; escucharíamos los sonidos del silencio. Así es la depresión: es ese clavado hacia nosotros mismos que nos permitirá vernos; permitámoslo, disfrutémoslo. Después nos empujaremos desde el fondo hacia la superficie y saldremos con más conocimiento de nosotros mismos y de nuestra situación.

Veamos este cambio en nuestras vidas como un reto y no como una amenaza. Es cuestión de voluntad.

Podemos decir que "soltaste" la etapa anterior cuando los problemas de tu matrimonio previo no absorben más tu energía, cuando has resuelto los problemas físicos y emocionales de la separación. El divorcio no puede ser visto como un acontecmiento aislado sino, más bien, como el principio de una cadena de transiciones.

En la respuesta al divorcio influyen la calidad de las relaciones familiares anteriores al divorcio y la capacidad de los padres para enfrentar el proceso hasta la separacion. Esto repercutirá en la respuesta del niño cuando cada uno de sus padres tome una nueva pareja. Cada miembro de la familia debe adaptarse a los retos que se presenten.

Por tanto, los cambios asociados a las transiciones familiares afectan a toda la familia. Además, también los sistemas sociales tienen repercusión; por ejemplo: el grupo de amigos, la escuela, el lugar de trabajo y la familia extendida.

Las respuestas de padres e hijos al divoricio y al rematrimonio, las transiciones familiares, son muy diversas: muchos tardan en recuperarse del primero entre dos y tres años; y del segundo, un poco más.

Pocos adultos y niños lidian de manera constructiva con los retos del divorcio y del rematrimonio, para emerger psicológicamente fortalecidos y como individuos realizados y competentes. Por eso recomiendo buscar la ayuda profesional que nos acompañe en tan duro camino. Así, todos los miembros del grupo familiar saldremos adelante, sin cargar culpas y permitiéndonos disfrutar de la nueva oportunidad.

# 3
# La mujer vulnerable

Marina, de 34 años, rematrimoniada con León, de 36, habla con él de divorcio después de 7 años de casados, por infidelidad de él.

Cada vez que ella le lleva el convenio de divorcio para que lo firme, él la culpa de todo: "Vas a dejar sin padre a los hijos" (pero no piensa impedir que él los vea). "No te importa lo me pase; ya estás muy contenta y hasta pintaste la recámara". "Estoy solo; eres una egoísta, sólo piensas en ti misma". "El divorcio es tu decisión."

Ella intenta levantarse del golpe que la infidelidad implicó. León, hábilmente, maneja eso para provocarle culpa y lástima y hacer que siga con él. Marina, a pesar de estar en terapia, duda sobre el regreso y le hace caso porque "parece que el pobre lo dice sinceramente".

El domingo, cuando León salió con los niños (de seis y tres años), lloró con ellos. Les juró que los extraña y que "su mamá" quiere que vivan separados; los chicos lo abrazaban y lloraban con él.

León mira a Marina y le dice: "Ve las consecuencias de tu decisión". Se queda callada; muy enojada, pero sin saber qué decir. La pone como la mala, aunque la decisión sea el resultado de los golpes y las infidelidades de él.

En otra ocasión, cuando se repetía la escena, ella le contestó: "Debíste pensar en esto cuando te revolcabas en la cama con tu amante". El costo fue que León rehusara firmar el convenio de divorcio en esa ocasión y al mes siguiente. Para que rubricara, ella tenía que aguantar toda la reprimenda de León, quien la ponía como única culpable del divorcio. Marina llevaba siete años tolerando eso.

Es común que los esposos paranoides se presenten como la víctima. Son hábiles para manipular y culpar al otro; se hacen los sentidos, afectados. Éste decía que era "humillado, pisoteado", que Marina se burlaba de él, y para entonces ya creía lo que afirmaba. Este pensamiento distorsionado les provoca mucho coraje y, en consecuencia, actúan de manera distorsionada, como si el enemigo fuera ella.

Ese teatro les sirve para no ver lo que hicieron y así no sentirse responsables. Proyectan todo a la pareja, y la culpan, en vez de asumir su responsabilidad en el conflicto. Son seres difíciles y conflictivos. Cuando la pareja puede soltarse de ellos con rapidez, es una suerte. Pero a los codependientes, como si fueran adictos, les cuesta mucho trabajo soltarse, aunque les vaya malal no hacerlo. Esto debe confrontarlos con su parte enferma, que los ha llevado a tolerar ese tipo de relación.

Hay que revisar qué llevó a la mujer a relacionarse con este tipo de persona, sobre todo para que en su siguiente elección no lo repita. De lo contrario, al rato intentará de librarse de otra relación similar.

Sucede como en los casos de abuso y maltrato contra mujeres, en los cuales, pese a todo, rehusan denunciar y terminar con el ciclo de abuso.

Al separarse de su esposo, después de tantos años de estar casada y de haber vivido largos y malos momentos antes de tomar la difícil decisión, una mujer se siente muy desprotegida, como cuando un canario o un periquito australiano se sale de su jaula y emprende el vuelo. Para ella es realmente preocupante porque no conoce los peligros a los que se enfrentará. Ni siquiera está preparada para obtener por sí misma alimento, cuidados o afecto.

Cuando finalmente se separa y se enfrenta con nuevas dificultades, la mujer se siente vulnerable y muchas veces duda de haber tomado la mejor decisión, aunque algo dentro de ella le dice que sí. A veces piensa si sería bueno regresar –y muchas lo intentan. Se pregunta si todavía hay algo en esa pareja; piensa que si ambos pusieran de su parte para crecer, ese retorno, ahora con análisis y reflexión o ayuda profesional, tal vez podría funcionar. Pero en la mayoría de los casos el intento que se hace por regresar está motivado por que la nueva realidad resulta muy difícil y hay un gran miedo a la soledad. Es por esto último que las personas se vuelven a casar con la misma persona; asimismo, en otros casos es tal la liga patológica entre ellos que son incapaces de vivir separados porque se sienten descompensados y alguno de ellos se vuelve "loco".

Debido a los malos momentos que rodean al divorcio, muchas mujeres quieren entrar al rematrimonio para ser protegidas. Si esta expectativa (consciente o inconsciente) es diferente a la de la nueva pareja, esto hará más difícil que la relación funcione, porque quizás estas mujeres no están interesadas en una relación con esa persona, sino que sólo buscan ser protegidas.

Muchas mujeres al sentir la soledad y ver que la situación económica es tan difícil, prefieren entrar en una relación que les proporcione seguridad aunque no estén comprometidas con la pareja. El pronóstico no es bueno. Vivirán insatisfechas y frustradas, sin siquiera tener consciencia de lo que pasa y por lo tanto sin armas para poder mejorarlo.

Algunas sólo entran a la nueva relación buscando que las mantengan. Imagínense la relación: aquí la mujer se expone a una situación desventajosa, a merced del que la mantiene. En otros casos le exigen al hombre todo lo que el anterior no les dio; o si recibieron malos tratos anteriormente, tienen a alguien nuevo que va a pagar los platos rotos.

La mayoría de los casos en que una mujer entra a una relación buscando que "alguien" la mantenga, suele tener un mal resultado. Porque cuando el otro siente que "paga", espera algo a cambio. Y si esto no se habla, provocará frustraciones, coraje en uno y resentimiento en el otro. Ella también debe estar consciente de que no puede entrar a una relación para que "la mantengan", como si la nueva pareja fuera su papá.

Si la mujer no se siente libre en la nueva relación, sino sometida por la necesidad, tendrá un gran resentimiento que impedirá la posibilidad de una buena relación de pareja. Y, aunque se esfuerce por tenerla, transmitirá el resentimiento a los hijos, que pueden contaminar sus propias elecciones y futuras relaciones de pareja.

Tomar conciencia de sus expectativas (no negarlas) evitará frustraciones y enojos por no ver cumplidos sus deseos. Si un hombre busca una mujer solamente como un objeto sexual, o para sentirse protector y así inflar su ego –lo cual implica que su autoestima anda muy baja–, el pronóstico de la relación tampoco es bueno. Él debería mejorar su autoestima en una psicoterapia, no "actuándola" porque esto sólo le traerá resultados no satisfactorios.

> Inés, que entró en un rematrimonio, decía: "aunque no quisiera tener una relación igual a la anterior, de repente caigo en añoranza de las comodidades que tenía, pero no quiero pagar el precio que ya pagué". "Extraño la no responsabilidad económica... una, como mujer, es capaz de cambiar por dinero, ser ahora la Señora de Fulano; esto es muy atractivo; y mientras, Fulano se rompe el lomo para solucionar los aspectos económicos." Esto le produce mucho coraje a él. Inés agrega: "las mujeres tenemos el apellido, cosas materiales y otros beneficios, pero no somos dueñas del poder económico".

Aunque hoy en día también ocurre que en muchos hogares la mujer es la que saca adelante la casa desde el punto de vista económico, debido al desempleo del marido y a la crisis económica.

Lo ideal sería formar una relación de dos personas autosuficientes donde "ni una se vende, ni el otro la compra". En las parejas jóvenes actuales, la situación es diferente a lo que eran los matrimonios de hace 20 o 30 años, donde el objetivo era básicamente tener hijos; el hombre salía a trabajar y la mujer se quedaba en la casa.

❖

La comunicación es fundamental para el buen funcionamiento de la pareja. Hablar de temas variados, incluyendo el aspecto económico y las expectativas de cada uno al respecto. Si no lo hacen, puede ocurrirles lo que les pasó a Pedro y Rosa.

> Al casarse, Pedro pensó que entraba a una relación en la cual, como los dos eran autosuficientes, la carga de la economía familiar sería dividida y sería más fácil hacer actividades juntos, como viajar o cambiar la televisión, que se descompuso para siempre, por otra nueva.
>
> Pero de repente se encontró con que Rosa se recargaba económicamente en él, que él pagaba todo y ella disfrutaba del ahorro o gastaba su dinero en ella misma. Él creía que se estaba rompiendo la regla inicial y esto le provocaba resentimientos que le hacían "cobrarle las facturas por abajo del agua", agrediéndola. Ella no entendía por qué él la agredía. Cuando le recomendé a Pedro hablarlo con Rosa, él regresó diciendo que había sido una mala idea, ya que ella no aceptó que hubiera habido una regla inicial ni que ella la hubiera roto.

Hay que recordar que hablar no es fácil, porque implica dos partes. En este caso, si una de ellas se atreve a decir a la otra que se siente a disgusto con algo (por ejemplo, que pensó que compartirían la responsabilidad económica entre los dos, y que se siente abrumado pues carga ahora un peso excesivo que no había contemplado, la reacción de la contraparte, Rosa, será muy importante. Porque si ella no está lista para escuchar lo que Pedro le quiere decir, o lo siente como ataque personal –porque ella es un poco paranoide, o muy sensible y rencorosa), la reacción será ruda y, lejos de arreglar la situación, existirá más distancia. Entonces Pedro se arrepentirá de haber intentado tener comunicación para mejorar la relación, y estarán atorados.

Si no resuelven el conflicto adecuadamente, las cosas irán cada vez peor. También podríamos ver aquí un ejemplo de la expectativa consciente y no hablada de Rosa, quien esperaba que Pedro la mantuviera aunque aparentemente aceptaba otro arreglo.

❖

Otras mujeres, debido a su educación tradicional, piensan que aportar económicamente al rematrimonio es casi como "pagar para que las quieran", e incluso sus familiares las ofenden haciéndoles bromas al respecto. Llegar a superar estos viejos prejuicios requiere de esfuerzo y deseos de cambio; significa ingresar al mundo de hoy, donde muchas parejas jóvenes aportan por igual al matrimonio, tanto en dinero como en trabajo. También hay parejas que gozan de una buena comunicación. He aquí un ejemplo:

> Eva, una mujer de 35 años, comentaba: "me cansé de ser ama de casa, la tonta que hace cenas para amigos y cuida la casa sin obtener ningún reconocimiento de su pareja. Sólo me descalificaba: que si faltaba el salero, que si no le gustó la sopa que hizo la cocinera; yo siempre tenía la culpa; a los niños y a mí ya nos daba miedo sentarnos a la mesa con el ogro.
>
> "Ahora en mi rematrimonio he observado que me pongo a la defensiva cuando Adrián, mi actual esposo, me pide que funcione como ama de casa o que organice una cena. No puedo desligarme todavía del pasado; Adrián aceptó que esas actividades tenía que organizarla él mismo con ayuda de la cocinera o contratando un servicio de banquetes y mesero. Al principio me sentía desplazada cuando él organizaba las cosas; me sentía excluida y enojada, y le recla-

> maba. No sé cómo me aguantó; creo que me ama de verdad. Él me veía como pensando 'con qué loca me casé', pues no entendía lo que todo eso significaba para mí. Todo mejoró cuando tuvimos la oportunidad de hablarlo y de poner ambos de nuestra parte."

Cuando es el hombre quien se siente inseguro, tiene la necesidad de ser el único que aporta lo económico a la pareja, e impide que la mujer trabaje o se desarrolle; no quiere que ella se relacione con más personas, la quiere dentro de la casa. Muchos quieren rápidamente ponerle su apellido a la esposa como si con eso pudieran hacerla de su propiedad o poseerla; desean mostrar a los demás que ella es suya.

Otras veces, el hombre siente muy endeble la relación y teme que ella pueda salir corriendo ante la problemática que se diera en la convivencia y en la adaptación, así que prefiere casarse y que ella sea su esposa, la Señora de "Pérez", para asegurar su permanencia.

Si ella no desea ponerse el apellido del nuevo marido, éste puede sentirse no aceptado; tal vez no pasa por su mente considerar que la mujer acaba de salir de otra relación y apenas se está acostumbrando a usar su apellido de soltera nuevamente, cuando ya tiene que ser la Señora de "Fulandez" otra vez.

La mujer que lleva tiempo viviendo sola y ha sido autosuficiente, no necesita ser la señora de algún apellido. Aunque algunas, con tal de no sentirse solas, aceptan rápidamente ser "la Señora de Tal". Como Ivonne, que se casó con un afamado y además millonario hombre, y por supuesto que antes que nadie se lo pidiera, ella ya se ostentaba como la "Señora de Fulano de Tal".

Todas estas vicisitudes también se dan en el primer matrimonio, pero como está legitimado por la sociedad, la cultura y la familia no le ponemos tanta atención. En el rematrimonio es diferente; creemos que oculta otras intenciones.

> Me comentaba Guadalupe: "las mujeres vivimos en un mundo que nos pertenece sólo aparentemente, porque si el hombre se va te deja sin apellido, sin poder económico, sin chequera, sin tarjetas de crédito, sin pasaporte, sin licencia de manejo; tu nombre de soltera no existe ni en el banco, ni en la consulta médica, ni en el club deportivo".

Muchas veces, el hombre usa el poder económico para perjudicar a la mujer; como contraparte, la mujer se cree dueña de los hijos y los usa para desquitarse con el esposo, limitando las visitas o salidas cuando ya están separados.

> Como Gina, una mujer de 30 años que, enojada porque el esposo (ya separado de ella) empezó a salir con una chica, no le permitía ver a los niños ni llevarlos a los partidos de futbol como era su costumbre. Sólo se "los prestaba" cuando ella tenía algún plan para salir y los niños le estorbaban; entonces él se los podía llevar todo el fin de semana.

> Estas actitudes las podemos ver desde el noviazgo: Ileana, una jovencita de 20 años de edad, estando en una reunión con la familia de Ernesto, su novio, le decía: "yo voy a educar a mis hijos como yo quiera". El padre del chico, que escuchó este comentario, se dirigió a su hijo: "queda muy

claro que tú no tendrás que ver en la forma en que ella eduque a sus hijos", indicando así que, como ella no involucraba a la pareja, él no se casaría con ella.

Todas estas ideas vienen desde la educación que recibimos de los padres. Asimilamos lo que ellos creen que es bueno y desechamos lo que ellos creen que es malo. Si no nos damos cuenta, esas ideas que quizá fueron buenas en otra generación, pasarán intactas a nuestros hijos. Pero hoy, muchas de ellas son ya anacrónicas, como la de que sólo la madre debe participar en la educación de los hijos mientras que el padre está trabajando. Nosotros somos el tamiz de esas ideas para que sólo pasen a nuestros hijos las que consideremos útiles.

Las mujeres de generaciones anteriores, cuando comenzaban a trabajar, entraban a un mundo nuevo para ellas que, lejos de acercarlas a su pareja, muchas veces las distanciaba. Y es que no estaban acostumbradas al trato con otros varones ni con otras mujeres, además eran bastante ingenuas y fácilmente podían confundir el acercamiento de los demás.

Las generaciones actuales de mujeres no caen en esa fascinación de estar en ese mundo nuevo, porque están acostumbradas a él desde jóvenes; desde que estudian en la universidad conviven con el sexo opuesto, lo conocen, o tienen ya experiencia de trabajo, y muchas veces el esposo ya las conoció trabajando.

A las mujeres les sirve trabajar para valorar lo que cuesta ganarse el dinero y para pensar qué nivel de vida podrían darle a su familia si fueran ellas quientes tuvieran que mantenerla; qué facilidades hay en el mercado de trabajo. Algunas mujeres jóvenes y preparadas, al salir de la universidad encuentran un trabajo bien remunerado más fácilmente que muchos jóvenes profesionistas. En la actualidad, un gran porcentaje de familias son mantenidas por mujeres, debido a la crisis de desempleo.

❖

Muchas mujeres de edades similares viven experiencias muy diferentes. Mencionaré algunos casos en que ellas tienen etapas y expectativas distintas:

> Una mujer casada, de 48 años, trabajaba en una empresa transnacional; en tres años más terminaba su compromiso y pensaba sobre lo que le gustaría hacer al retirarse, quizá sólo se dedicaría a leer.
>
> Al mismo tiempo, otra mujer de la misma edad, con tres años de rematrimonio, hablaba de planes en esta nueva etapa de pareja; estaba iniciando un nuevo negocio, un nuevo proyecto de trabajo y veía el retiro todavía muy lejano, no por la edad sino porque para ella era un nuevo comienzo, ya que en su divorcio había sido despojada de todo bien material por un ex esposo paranoide, quien le dijo: "no quieres nada conmigo, pues nada es nada". Estaba en una etapa donde tenía planes y tenía la necesidad de empezar a formar un capital y adquirir una casa, un auto. Era empezar a los 47 años. Pero no estaba sola, tenía su pareja que la amaba intensamente y eso le daba fuerza para salir adelante.
>
> Otra mujer de la misma edad, separada de su tercera relación estaba sola, sin ganas de buscar pareja, aunque por otro lado lo deseara. Un tanto desanimada de la gente, pensaba que le encantaría tener una pareja pero no estaba dispuesta a buscarla por el momento. Entonces se dedicaba a sus dos hijos prescolares y desarrolló una afición por la música. Ella vivía tranquila.

## La separación confronta a la persona consigo misma

Al separarse, la mujer debe soltar a la pareja anterior y para eso es importante manejar el cúmulo de coraje que se despierta en la separación, ya que es un sentimiento muy fuerte. Esta rabia es tan grande porque la separación nos confronta abruptamente con quienes somos realmente, con la manera como vivimos antes, con nosotros mismos (nosotras mismas) y nuestra realidad. Sucede también a los hombres, quienes se confrontan con ser difíciles o enfermos, neuróticos, alcohólicos, infieles, paranoides, fracasados, rateros, flojos, desempleados, funcionarios corruptos, en fin. A las mujeres con ser inútiles, flojas, descuidadas, neuróticas, mal encaradas, deprimidas todo el tiempo, gordas, agresivas, demandantes y exigentes, castrantes y limitantes, descalificadoras y represivas, indecisas, infantiles o impredecibles...

## El enojo

Cuando la mujer se queda sola siente coraje y enojo, debido a que tiene que enfrentarse a satisfacer necesidades que antes la pareja solucionaba (cuidados, compañía, protección, la economía y la sexualidad). A algunas, la separación las sitúa en una confrontación: su dependencia familiar *vs.* su autosuficiencia; por lo tanto, entre más dependientes sean, mayor coraje les da ser dejadas y más fácilmente caerán en una siguiente relación en que se puedan "vendar los ojos" y decir: "quiero un príncipe azul que me mantenga, me ponga casa y sirvienta", como decía Beatriz, cansada de trabajar, después de divorciarse: "quisiera hacer el amor y no tengo ni con quién".

Muchas mujeres (y hombres también) al separarse pasan por esto mismo, pues no conocen a nadie que sea libre y, por supuesto, no quieren tener una relación con alguien casado. En este momento sólo contemplan la relación amorosa con una persona que sientan comprometida y entregada. Muchas están vulnerables ante hombres que tienen más experiencia o se aprovechan de la ingenuidad, el poco conocimiento y la gran necesidad afectiva que tienen las mujeres en esta etapa.

> Verónica decía: "a mí no me gusta trabajar, tener que lidiar con empleados, o con jefes que te mandan; yo no estoy acostumbrada..." Antes de divorciarse, peleaba como si ella fuera un garbanzo de a libra. Pero la separación la confrontó con su realidad; además, ahora depende de sus padres aunque tenga 38 años; afortunadamente no tiene hijos. Sólo espera que la mantengan, no importa el precio que tenga que pagar. Cuando yo escribía estas líneas, ella estaba saliendo con un alcohólico al que empezaba a idealizar; con tal de tener a alguien, ella no ve las características reales de su prospecto de pareja; en casos como éste, el pronóstico no es bueno.

Algunas mujeres en la etapa en que están recién separadas, piensan que todo mundo se las quiere llevar a la cama. Una mujer que había sido dejada creía ver intenciones sexuales en la gente que encontraba, porque de esa manera quería transmitir al ex marido que otros se fijaban en ella y que ella era valiosa: "tú no me haces caso, pero fíjate que hay otros que están interesados en mí".

La sociedad no ayuda a preparar ni al hombre ni a la mujer para que, en la separación ella esté más protegida; por eso, muchas aceptan vidas deplorables al lado de una pareja inadecuada, por el temor a separarse y enfrentar la nueva realidad. Nada justifica quedarse allí, pero entendemos que es un paso difícil que muchas veces hay que dar.

Otras mujeres, quiénes por el divorcio se quedan con una cantidad de dinero con la cual no contaban, al estar solas y sin experiencia, pueden ser fácil presa de algún estafador que abuse de ellas haciéndolas sentir importantes inversionistas y que a la vuelta de la esquina sean despojadas de su patrimonio.

Al sentirse indefensa, la mujer puede ser presa fácil de algún abogado poco ético que la hace sentir protegida en la forma de llevar su caso, pero como ella necesita sus servicios, puede sucumbir en las acciones poco profesionales de éste.

> Como en el caso de Imelda: durante el proceso de su divorcio, el abogado que la representaba se fue a vivir a su casa con todo y el hijo adolescente y problemático que tenía. Ella temía negarse por miedo a que dejara de defenderla; además, lo veía como su salvador, el que sabía todo de leyes y era capaz de cuidarla...

La mujer, que en este momento está separada física pero no emocionalmente (por el poco tiempo transcurrido) todavía sufre los embates del ex esposo, quien cree que la puede controlar y la agrede por haberse atrevido a dejarlo. Muchas veces es mejor "un mal arreglo que un buen pleito": si en el primero hay un arreglo definitivo, en el pleito ambas partes siguen unidas, ahora por la agresión.

He observado que la mujer está muy desprotegida, ya que si desea separarse del hombre y éste no quiere, sin importar la razón o la sinrazón, mientras él tenga el poder económico le dificultará todo el camino a la esposa para que se separe.

Es necesario tener firmeza en la decisión y una asesoría correcta y objetiva para poder hacerlo. Porque si el marido no se quiere salir de la casa, la estará obligando a ella a hacerlo para luego intentar hacerla regresar o demandarla por haberse ido. Todo esto asusta a la mujer, quien en la mayoría de los casos depende económicamente del esposo, no trabaja o su sueldo es muy bajo; si se quiere salir de la casa con los hijos, ¿cómo los va a mantener?, ¿cómo les pagará las escuelas?, ¿dónde vivirán? No es fácil, pero ¿quedarse a vivir con ese sujeto que nos hace eso? ¡Jamás!

Es importante considerar este punto para la educación y preparación de nuestras hijas, que no sean mujeres que dependan del marido como si fueran unas inútiles, debemos enseñarlas a ser eficientes en lo que decidan estudiar y trabajar. La igualdad en el trato no se implora, se gana con estudios y preparación.

La asesoría profesional especializada (no cualquier profesional dentro del campo de la psicología puede ser el indicado) es fundamental en este momento. Si se siguen las instrucciones pertinentes a cada caso, hay más posibilidades de salir avantes y con menos raspones de los esperados. No es posible que una mujer que decide separarse porque ya no se siente satisfecha en la relación o porque el amor ya se terminó, no lo pueda hacer, como si fuera esclava de la pareja. Como sociedad no debemos permitir esto.

También hay casos parecidos en los hombres; si un hombre se quiere salir del matrimonio puede ser visto como malvado, que abandona a la mujer que, por cierto, "es muy buena", y deja a los hijos porque seguramente "ya anda con otra", como si eso fuera el único pretexto para salirse de una relación que no funciona. Generalmente quien piensa eso es para no tener que aceptar que la relación ya no funciona y asumir (cada quien) su responsabilidad.

Muchos ex maridos persiguen a la mujer, la espían, "quisieran sorprenderla" en alguna situación comprometedora, como si así se explicaran que los hayan dejado, en vez de aceptar que la razón era que esa relación ya se había terminado, o que ya no funcionaban como pareja. Como si necesitaran una excusa mejor, piensan: "quizá tiene un amante". Y la persiguen.

Para evitar situaciones como ésta, sobre todo si el ex marido es paranoide y busca justificar su agresión, la mujer debe tener cuidado y, puesto que ese amante no existe, debe terminar primero con el proceso de divorcio. Después podrá empezar a salir con nuevas personas. Además, en este momento, lo que la mujer menos quiere es otra relación; pero en la fantasía del ex esposo "ella debe querer andar de cama en cama".

## El esposo con características paranoides

Un caso especial que se presenta al intentar formar un nuevo matrimonio y que vale la pena conocer, es la problemática que la mujer enfrentará si se separó de un esposo con características paranoides. Aunque, igualmente, me refiero a la separación de una esposa con las mismas características paranoides que atosigan al marido aunque éste ya haya firmado el divorcio y se encuentre nuevamente casado, lo persiguen, le exigen dinero, usan a los hijos de pretexto, son muy conflictivas y difíciles.

Por favor, cualquier similitud que existiera con alguna persona, evento o circunstancia es mera coincidencia, no hablo de ninguna persona en especial.

Si una mujer se atreve a separarse de un esposo paranoide, siempre habrá problemas; por eso estoy seguro que tarda en hacerlo, aunque su matrimonio estuviera acabado desde antes. El esposo paranoide es dejado casi siempre por causa suya, lo cual, la mayoría de las veces no acepta y proyecta a la pareja (es esta la característica del paranoide y como generalmente los paranoides son inteligentes, eso hace difícil el caso).

El paranoide se siente enojado por ese atrevimiento de la pareja que lo confronta con su patología. Es como si la presencia de la pareja le diera una estructura y al alejarse ésta lo dejará solo para manejar su locura sin tener al otro para echarle la culpa. Este enojo hace que se vuelvan persecutorios con la ex esposa acosándola todo el tiempo, siguiéndola, espiándola, llamándola por teléfono (lo mejor es que consiga un identificador de llamadas), molestándola, demandándola por cosas de las que ella no es culpable.

Por ejemplo, las acusan de infidelidad cuando el infiel descarado es él mismo; otros acusan a la mujer de secuestro de los hijos cuando ella se sale de la casa con los niños porque ya no lo aguanta; a otras las acusan de abandono de hogar porque se atrevieron a salirse de la casa y librarse de su acoso patológico.

A Lorena, su esposo paranoide le dijo: "te quito todo para protegerte de los hombres que conocerás y que te querrán quitar tus cosas", y le quitó todo lo que le correspondía después de 20 años de casados. A los hijos les daba la misma explicación para justificarse que la dejaba en bancarrota. Conforme crecieron los hijos, se dieron cuenta que su padre era un mentiroso además de ratero.

Se necesita más información de tipo legal para las mujeres que son víctimas de estos tipos y de los abogados que se prestan a demandarlas por cosas espantosas, totalmente ajenas a la vida real de estas mujeres. Esposos como estos transmiten mucho miedo a sus mujeres por atreverse a de ellos aunque ese atrevimiento sea el primer paso que nos habla de la salud mental de ellas.

Estos esposos paranoides las siguen en sus movimientos, interrogan directa o indirectamente a los hijos o al personal de servicio; inquieren hasta a las amistades, tratando de obtener información que corrobore lo que ellos patológicamente piensan o sospechan, que generalmente es lo que ellos han sido capaces de hacer: "el león cree que todos son de su condición".

Las esposas no se explican cómo se enteran de todo, cómo llegan a donde ellas van con sus niños y "casualmente se las encuentran". Las espían fuera de sus casas o las de sus familiares si se llegan a refugiar con ellos, y son capaces de acusar legalmente a estos familiares por haberlas apoyado, demandándolos también por secuestro de los niños, si los niños han estado de visita con ellos. Aunque lleguen a demandar legalmente para ver a sus hijos, lo hacen sólo por molestar a la ya angustiada madre, porque en la mayoría de los casos no están realmente interesados en los niños; si estuvieran, se limitarían a ver a los hijos y no los cargarían tanto de angustia ni los usarían en sus delirios personales.

❖

Hay sujetos cuya patología paranoide los ha llevado a hacer escándalos en las escuelas de los niños, donde generalmente tienen prohibida la entrada; lo que ocasiona problemas al niño para su reincripción, ya que, aunque la escuela los apoye, no puede permitir que dichos escándalos sucedan.

Un hombre paranoide, Efrén, llegó así a la escuela a recoger al niño sin estar autorizado para eso y gritó en la entrada de la escuela que los iba a demandar por no querer entregarle al niño; su hijo de cinco años, con los ojos abiertos al extremo y con gran angustia, lo veía gritar sin control, mientras deseaba que se fuera y pensaba que jamás lo quería volver a ver. El niño a partir de ese momento tuvo pesadillas y terrores nocturnos que no lo dejaban dormir en la paz que un niño de esa edad merece tener.

❊ ❖ ❊ ❖

José es un sujeto paranoide (sumamente desconfiado, toma todo personal; además, distorsiona los hechos a su favor, piensa que le quieren hacer daño y no tiene consciencia de su enfermedad, no se da cuenta de todo esto); aunque él es inteligente, maltrata psicológicamente a su esposa, Berta, descalificándola, devaluándola: "tú no haces nada bien, ni la mesa sabes poner, falta el salero". La tiene totalmente controlada y asustada; la usa para cuidar a su hija única.

En el cumpleaños de un primo de ella, él ingiere bastante alcohol (como suele hacer); le grita, la maltrata y la asusta con su violencia e impulsividad, la empuja fuerte, sin golpearla físicamente. Pero no es la primera vez: esto es repetitivo. Cansada de esto, ella se arma de valor, consulta a una abogada y decide salirse de la casa, pase lo que pase. Se protege legalmente y se va de la casa con su hija, teniendo cuidado de no ser acusada de abandono del hogar o de secuestro de la niña.

Al haber sido dejado, este hombre se pone furioso contra ella, y dice "cómo se atrevió a hacerme eso a mí". En vez de ver como él la empujó a que hiciera eso, jamás reflexiona sobre por qué ella tuvo que actuar así. Es más fácil proyectar en ella la culpa y convertirse en víctima en vez de "loco violento", como lo apodan los vecinos de su casa de fin de semana. Este pensamiento nos muestra su egoísmo; sólo piensa en él; no le importa la niña, ni la separación. Entonces se refugia en sus hermanos, a quienes les presenta el cuadro según su conveniencia, no según la realidad: se hace el abandonado, la víctima. La familia "compra" el pleito, creyendo que así lo protege y lo ayuda a demandar a Berta por su atrevimiento, a pesar de que conocen a José y saben de su conducta alcohólica y violenta.

¿Con qué causal la demandarán? Si no tienen ninguna razón real, pues habrá que inventar una, todo es cuestión de encontrar un abogado que en vez de ayudar a resolver el asunto tome partido para ganar el pleito sin importar qué mentira tenga que usar. Aún es raro el abogado –aunque afortunadamente sí los hay— que capte el enojo del cliente y lo orientan a puerto seguro en vez de coludirse con su reacción visceral con tal de sacar dinero, unos hasta los azuzan al pleito. El ejemplo anterior nos muestra un caso en el que atreverse a la separación provoca mucha agresión en el conyugue que puede tener reacciones irracionales que nos hacen entender por qué le costó tanto trabajo a ella tomar la decisión de separarse.

Ahora ella ante las reacciones que él ha mostrado debe pensar que la decisión que tomó de estar lejos de esa relación es correcta, y que a pesar de los problemas que tenga que enfrentar vale la pena estar lejos de un sujeto con conductas como ésas. Es el principio de su viaje a la salud mental y a experiencias más gratificantes.

❖

Aunque pase mucho tiempo, a veces hasta diez años, podemos ver cómo algunos de los ex permanecen en esa agresión, en ese coraje, continúan amargándose la vida y la de las personas cercanas. Mantienen un odio latente les cuesta trabajo soltarse porque esto implicaría enfrentar su propia patología y darse cuenta de lo enfermos que están; por eso insisten en mantener una relación con el ex con cualquier pretexto. Soltarse sería dar el primer paso necesario para superar esta dolorosa fase y encontrar que la siguiente puede ser mejor, pero mientras sigan culpando al otro, siempre estarán limitados y dominados por las cosas materiales y por "los otros".

Cuando la reacción de los padres y hermanos del cónyuge "dejado" contra el cónyuge que se atrevió a salirse de la relación es exagerada, nos demuestra la relación de dependencia y de simbiosis que ha tenido el involucrado con ellos y la dificultad para separarse que existe en la familia.

Conforme las personas alcanzan un mayor desarrollo personal alcanzan la capacidad de funcionar de una manera más individualizada, es decir, pueden ser más ellos mismos; por ejemplo, hay una separación de la familia de origen para la toma de decisiones. Cuando no lo logran, están más expuestas a los chantajes de los padres y a ser manejadas por la culpa.

En estos casos, la asesoría terapéutica es muy útil para ayudarlos a ambos. Aun cuando él no quisiera asistir, es posible orientar a la mujer para que sepa cómo manejar las situaciones y no salir lastimada.

Si la mujer logra salir de esta etapa de vulnerabilidad, manejar los asuntos con el ex esposo y con los hijos, y crecer internamente, podrá tener una mejor relación futura.

# 4
# La etapa de soltería después del divorcio

Una vez consumado el divorcio, la autoestima es muy importante; pero es difícil conservarla alta.

Mientras más baja sea la autoestima de una persona, la etapa de soltería postdivorcio le resultará peor de lo que realmente es y los imprevistos que se le presenten le parecerán más grandes y más amenazantes de lo que son en la realidad. Con la autoestima baja será más difícil manejar el estrés y lograr una mejor adaptación.

Es común que la autoestima baje porque uno se siente abandonado, y el pensamiento negativo nos dice que si nos dejaron es porque no valemos nada. Entonces nos creemos víctimas de las circunstancias o de las personas.

Las mujeres y los hombres recién separados, se consideran a sí mismos un caso único. En realidad no somos tan originales: todos los que hemos pasado el proceso de empezar a vivir solos después de una separación, sufrimos las mismas vicisitudes –por supuesto, matizadas por lo particular de nuestra personalidad o por nuestro nivel de desarrollo.

Para mejorar la autoestima cuando uno se separa, es importante vivir en un lugar que nos haga sentir bien. Por lo tanto, es muy recomendable buscar un espacio que le parezca bonito y agradable, en la medida de sus posibilidades. Porque en un principio, debido a la depresión, cualquier lugar puede parecer bueno aunque no lo sea. Un amigo mío vivió en un cuarto de azotea a pesar de que podía pagar algo mejor, porque es un profesionista reconocido y no gana poco. No se daba cuenta del lugar que había elegido; se sentía libre, aunque fuera en su cuarto de azotea. Cuando me invitó a conocer su "maravilloso lugar" y yo le dije lo que pensaba (entré haciendo a un lado la ropa que colgaba del tendedero), se quedó sorprendido. Una semana después, me llamó para que conociera el siguiente. Había mejorado, pero le llevó un tiempo permitirse vivir en un lugar adecuado.

¿Qué significa adecuado? Es importante que, al entrar a su nuevo espacio, uno tenga la sensación de libertad; también que el lugar le guste y lo sienta acogedor. Esto no significa que debe ser caro ni lujoso, pero sí, por lo menos, digno. Que al entrar no se deprima más de lo que ya está. No importa que tenga pocos muebles o casi ninguno, lo fundamental es que uno lo sienta como su refugio y que pueda ser visitado por alguien sin producir lástima.

A veces tenemos que vivir en la oficina por algún tiempo y es importante hacerle cambios que, aunque sean pequeños, nos den la sensación de un espacio renovado.

Al llegar al nuevo espacio que nos preparamos en la oficina, en la nueva casa o departamento, al principio nos sentimos solos; caminamos de aquí para allá sin saber qué hacer primero. Todavía no tenemos una rutina, no sabemos manejar este nuevo hábitat.

Pensamos: "¿hablo por teléfono, enciendo la televisión, me duermo, lloro, me salgo, me preparo una torta, destapo un refresco, me preparo un trago, pero solo? Yo nunca había bebido solo, ni había ido al cine ni a cenar solo". Uno está en busca de su nueva identidad, es decir de "quién soy ahora" y conviene atreverse a hacer esas "nuevas" actividades solo o sola, como cenar o ir al cine con nosotros mismos como toda compañía. A veces resulta más gratificante de lo que imaginábamos si dejamos de lado el sentimiento de abandono y comenzamos a sentir que estamos con nosotros, y que eso es muy importante.

Uno de los problemas con que nos encontramos es que saliendo de una relación de pareja estamos socialmente desligados; de pronto sentimos que no conocemos a nadie, nos damos cuenta de que hay más mujeres solas que hombres solos, y que aunque ellas se consideran a sí mismas buenas personas, accesibles, simpáticas, están solas y se preguntan: "¿dónde encuentro un hombre 'buena onda', cariñoso, generoso, agradable?" No es tan fácil. Son tan escasos los buenos partidos que muchas mujeres tienen que aceptar a veces salir con algún hombre casado –con todos los conflictos internos y externos que eso implica.

Al hombre le sucede lo mismo: siente que no hay mujeres con quienes pudiera llevar a cabo su proyecto de vida en pareja. Pero en este momento ni siquiera sabe que no tiene todavía un proyecto viable, porque todavía no resuelve sus ataduras con la etapa anterior. Por eso, para ambos, hombres y mujeres, es una etapa en que sienten desaliento, pero es una etapa que finalmente se termina. Los que "la trabajan" salen mejor preparados para la siguiente; los demás tendrán asignaturas pendientes.

Al estar recién divorciados, no sabemos qué tipo de relación podamos tener que no amenace nuestra débil estructura. Estamos acostumbrados a una relación de pareja estable y aunque no queremos otra en este momento, nos sentimos solos y fantaseamos con encontrar una mujer linda, cariñosa que nos dé amor y que no nos exija ni nos lastime. O un hombre que nos abrace, nos "apapache", nos diga cosas bonitas y nos acaricie; que no nos exija. Alguien a quien podamos entregarnos sin miedo a ser lastimadas.

No tenemos experiencia como personas solas, generalmente hemos pasado mucho tiempo en pareja, ni siquiera tenemos amistades, pues los amigos o amigas eran de "la pareja".

El ahora divorciado, se convierte en una amenaza para esas amistades, en el cual ven a un o una posible amante. Es posible que su sola presencia les resulta amenazante porque los confronta con la idea de un divorcio que quizá desean, pero no se atreven a llevar a cabo. Su sola presencia les dice que el divorcio sí es posible y por eso lo rechazan.

Muchas personas, en algún momento de su vida, dejan de lado el deseo de establecer una relación de pareja y al optar por vivir solos o solas, quedan satisfechos con esa sana elección y se sienten bien con su vida. Pero también hay personas que viven solas porque así ocultan una incapacidad para relacionarse. Y aunque puedan disfrutar de su vida, en el fondo tienen una insatisfacción que no admiten abiertamente (éste sería el primer paso para enfrentar su situación y buscar la manera de resolverla).

Hombres y mujeres pueden sentir que no valen nada al sentirse abandonados. Por ello, muchas personas que viven solas caen en etapas depresivas y las manifiestan en una tendencia al consumo excesivo de alcohol o drogas.

Muchas mujeres divorciadas, resentidas, se atreven a hacer lo que antes "no podían o no las dejaban" y con una actitud depresiva, autoagresiva y a veces desesperada, se lanzan a relaciones promiscuas, al consumo de alcohol o de drogas. Los hombres que se sienten dejados no se quedan atrás, y también caen fácilmente en el consumo de alcohol y entre más permanezcan en esta etapa, les será cada vez más difícil salir de ella.

Las amistades que uno busca en esos momentos son fundamentales para ayudarnos a caer en depresiones profundas, mantenernos en esas experiencias negativas o también para salir de ellas con aire renovado. Es uno de los riesgos de esta etapa, aunque también es un momento importante para preguntarnos qué queremos hacer con nuestra vida.

Cuando el hombre o la mujer caen en estados depresivos, tienen bajo su nivel de autoestima y se permiten conductas de cierto grado de abuso a su propia persona, esto afecta enormemente a sus hijos pues ellos se dan cuenta de lo que ocurre, y la imagen que tienen de sus padres cae por los suelos. Si los hijos inconscientemente se identifican con este padre o madre, podrán repetir esta manera de actuar en sus relaciones futuras. Es bien sabido que el divorcio es más frecuente entre los hijos de padres divorciados.

## Actitudes de los hombres y las mujeres en la soltería

Estando en una nueva soltería, algunas personas tienden a hacer lo que antes no pudieron o no se atrevieron, por las circunstancias educativas y culturales que vivieron antes de casarse. O bien, hacen lo que hubieran querido hacer en la adolescencia pero nunca se atrevieron, y ahora sí pueden realizarlo porque tienen libertad, dinero y tiempo –y en algunos casos, más experiencia.

Al paso del tiempo muchos hombres, por ejemplo, que llevan un año de divorciados, cambian su actitud hacia las mujeres. Al principio de su soltería postdivorcio, con tal de tener compañía y afecto se convierten en proveedores, dan regalos o se someten a lo que su dama solicite. En cambio, cuando se sienten más seguros y consideran que ya no necesitan hacer eso, algunos llegan a tener una actitud displicente, se muestran vanidosos o prepotentes ante las mujeres que encuentran, las cuales en esa etapa generalmente están solas y muy necesitadas de afecto, y por ello son capaces de tolerar esa indiferencia masculina que las lastima.

El varón se siente soñado y necesitado, lo que aumenta su autoestima en ese momento. Pero esto no dura mucho tiempo, porque esta frágil autoestima inflada será hecha pedazos cuando encuentre a una mujer más desarrollada, más evolucionada más madura que, lejos de tolerar su actitud lo confronte con su conducta inmadura.

En el período de soltería es muy común tener múltiples relaciones. Al hacerlo, buscamos la elaboración del conflicto interno, y todas las pequeñas relaciones o "minirrelaciones" de pareja que establecemos, nos confrontan con nuestra manera de ser. Establecemos relaciones en las cuales revivimos nuevamente nuestro conflicto y nos enfrentamos con nuestra conducta. Pero ¿por qué o para qué?

Esto es importante para resolver el conflicto o para encarar el cambio. Es nuestra oportunidad de cambiar, pero no siempre ocurre. Las relaciones breves no nos sirven si no tenemos la posibilidad de tomar consciencia de nosotros mismos, si sólo repetimos escenas conocidas del conflicto pero con diferentes (nuevos) personajes.

Hay muchos factores que pueden acercar a un hombre y a una mujer separados o divorciados.

Algunos hombres buscan a una mujer que se sienta sola, para tenerla disponible como objeto sexual. Al mismo tiempo, muchas mujeres están en la búsqueda de un hombre que las acompañe. Si al establecer una relación ambos son conscientes de lo que están buscando y tienen claras sus expectativas, estarán en menor riesgo de ser lastimados.

Me preguntaban si al paso de los diferentes matrimonios o rematrimonios se aseguraba que la futura elección sería mejor. ¿La respuesta? No.

Tengo un amigo que se casó cinco veces y era el más inmaduro y narcisista (egoísta, interesado solamente en él) en cada una de sus elecciones; el resultado siempre era decepcionante. Hasta que logró un desarrollo interno con la terapia psicoanalítica a la que se sometió, cambiaron sus expectativas sobre la pareja y sobre la relación; obtuvo una comprensión profunda y ahora tiene una relación B (vea más adelante, en este mismo capítulo) con la que convive pacíficamente y de manera satisfactoria para ambos. Empieza a madurar en sus expectativas que ahora son más realistas.

Muchas personas no pueden manejar la distancia adecuada; se involucran con personas casadas que, como no son libres, no pueden tener una relación más que a cierta distancia y esto les funciona; si esta persona se divorciara de su pareja para casarse con esta nueva persona, al convivir diariamente existiría un grave riesgo de destruir la relación. Por su gran temor, se han relacionado de esta forma; pero difícilmente van a obtener la relación de pareja que soñaron.

Otros no han resuelto su dependencia con sus figuras paternas. Recuerdo, por ejemplo, el caso de una mujer divorciada de 40 años que por ser muy dependiente de su madre no podía establecer relaciones perdurables y adecuadas con los hombres; debido a esa dependencia con la madre, ella mostraba una parte infantil que la hacía verse egoísta y demandante en sus relaciones; sólo quería obtener atenciones y afecto para ella, y era incapaz de darlo.

Con esta conducta ella generaba tanta agresión hacia su persona, que la proyectaba hasta en su lugar de trabajo. Era incapaz de darse cuenta de lo que le pasaba y siempre culpaba a los demás. Incluso en terapia se sentía agredida si se le señalaba su conducta infantil, agresiva y sumamente demandante. Era muy inteligente, pero le costó mucho trabajo manejar esto.

## Señales de baja autoestima

Un error común en el que caen muchas personas es creer que empezarán a vivir nuevamente sólo cuando tengan pareja, como si sólo valieran si la tienen. Esto nos habla de una baja autoestima, y de que están cargando ideas de antaño que adoptaron tanto de su familia original como de la sociedad, y que las transmiten de manera abierta o encubierta.

Cuando uno establece una relación en esta etapa de soltería postdivorcio y ésta termina por cualquier causa, es común que le siga una depresión. Es importante saber que gran parte de esa depresión es causada por la pérdida de lo que fantaseábamos, las expectativas que teníamos y lo que esperábamos de esa relación; no tanto por la pérdida de esa persona en particular. Entre más necesidades y más expectativas tengamos, habrá mayores posibilidades de frustración; casi siempre esperamos que todo nos sea cumplido por la persona que hemos elegido. Le vemos cualidades que quizá no tiene porque eso exactamente es lo que necesitamos en ese momento y no vemos sus limitaciones. La confrontación con la realidad puede ser muy fuerte y dura.

Es importante saber que la mayoría de las veces, cuando elegimos otra relación, generalmente repetimos nuestra elección y optamos por una pareja similar a la anterior, la cual habíamos dejado porque la relación con ella no funcionaba. Una mujer me decía: "¿por qué atraigo a ese tipo de hombres? Mi papá era así y ahora es un viejo solo, amargado, al que nadie aguanta. Una pareja así es lo peor que me podría pasar, es lo que no quiero y sin embargo me tocan todos así; ¿o yo atraigo a ese tipo de personas?"

Maricruz se comportaba y funcionaba como una niña pequeña; se sentía segura cuando se relacionaba con hombres dominantes que querían resolverle la vida; esto los hacía sentirse importantes. Pero ella seguía siendo como una niña dependiente que sólo cambiaba de "dueño".

Como hemos visto, casarte por segunda vez es muy diferente de haerlo por primera ocasión. Ahora existen tus hijos o los de tu pareja, así como los ex y la nueva familia extendida.

Es importante tener *autocontrol* y *automonitoreo*. Por ejemplo, Rita decía que deseaba relacionarse con alguien por gusto, no por necesidad. Sin embargo, como no estaba consciente de que no superaba aún su relación anterior, determinaba sus elecciones de pareja según las propiedades de su ex marido, como si fueran a compartirlas. Todavía no se soltaba de la dependencia del ex, que ya había vuelto a casarse. Para ella, él seguía como un ser importante en su toma de decisiones.

Cuando sale con algún nuevo amigo, le transmite su necesidad de tener pareja de quién depender. Claro, los otros se asustan y huyen; y ella se queda sola de nuevo, con una creciente necesidad de compañía. Si no cobra conciencia, no podrá evitar transmitir que tiene esa necesidad y seguirá quedándose sola.

Automonitorear es como tener una cámara oculta que nos filma para que veamos nuestras actuaciones. Si Rita lo hiciera, notaría cómo se proyecta. Por otro lado, el autocontrol consiste en poner freno a las actitudes autodestructivas. No es fácil, pero sí muy útil desarrollar esas herramientas.

Mientras no analicemos lo que nos lleva a actuar de determinada manera, persistiremos en elegir personas con la misma problemática una y cien veces, hasta aprender lo que necesitamos para no hacerlo. Podemos hacerlo nosotros mismos o acelerar el proceso en una terapia (vea el capítulo de psicoterapia, más adelante).

## Sexualidad, compromiso y no compromiso

Antonio, de 48 años, divorciado hace un año, dice: "estoy lleno de mujeres, nunca creí que me pasaría esto; hasta me llaman para salir. Y aunque mis amigos me lo decían, no les creía. Me pregunto si a las mujeres les pasa lo mismo".

¿Qué porcentaje de hombres y mujeres solos existe? ¿Por qué algunos hombres se sienten como si fueran trofeos de caza?

Realmente hay un porcentaje menor de hombres disponibles, según las estadísticas más recientes. Por eso decíamos que muchas mujeres se atreven a salir con hombres casados. Sin embargo, para otras mujeres, salir con hombres casados es un seguro para no comprometerse en una relación. Como el hombre ya está comprometido, no las presiona tanto para tener una relación de pareja estable, la cual temen por sus experiencias anteriores o porque no quieren estar a una distancia más cercana con su pareja, ni que ésta las confronte con sus características de inmadurez, agresividad, neurosis, inestabilidad o cualquier otra.

Por supuesto, las mujeres pueden también verse asediadas por los hombres que las buscan para salir, pero para cada mujer las relaciones pueden ser diferentes. Unas tienen una manera más romántica de verlas, mientras que otras las ven como un pequeño complemento de sus vidas y no esperan más de ellas.

Como Ana, una mujer de 28 años que, tras romper una relación de cinco años (con una pareja con la que vivió por cortas temporadas y con la que no tuvo hijos) salía con varios amigos con los cuales tenía relaciones sexuales, y decía conscientemente que sólo buscaba divertirse. A ella, esto no le ocasionaba mayor conflicto.

En cambio, otras mujeres no pueden hacer esto; sólo llegarían a hacer el amor si establecieran una relación de noviazgo que culminara en matrimonio o si vieran la posibilidad de una relación más estable con ese hombre. Mientras sean honestas consigo mismas y con sus parejas o amigos, ambos tipos de relación las ayudarán a crecer, les resultarán gratificantes, serán sanas; ser honestas les permitirá no lastimar ni lastimarse.

❖

Es interesante que algunos hombres piensan que tienen muchas mujeres en esa etapa porque "la mujer está buscando sexo"; y esto es un error: lo que buscan ambos es compañía, atención y cariño.

Muchas veces, la mujer, por tratar de obtener una pareja, es capaz de tener relaciones sexuales. Esto es algo que muchos hombres no se han detenido a pensar, y en su miedo de tener un compromiso la ven con una actitud defensiva, como si ellas sólo buscaran sexo. Y ello lleva a muchos a decir: "esa mujer no es la que quiero por compañera". Esto habla de la gran inmadurez de muchos hombres.

En realidad, consciente o inconscientemente, tanto el hombre como la mujer que atraviesan esta etapa tienen miedo de una nueva relación y harán lo necesario para no incurrir en una relación de compromiso, aunque sea lo que más desean, por paradójico que parezca.

*Temor a una nueva relación*

El temor a una nueva relación hace que a algunos hombres y mujeres a veces les cueste trabajo entregarse sexualmente y, por haber tenido una educación conservadora, piensan que “eso está mal” o “está prohibido”. Tendrán que trabajar mucho con su estricto superyo. El superyo es la instancia moral que tenemos en la mente que proviene de lo que nuestros padres y la sociedad consideran bueno o malo; una consciencia moral que muchas veces es muy estricta y nos crea grandes sentimientos de culpa. Es nuestro juez interno.

> A Rosana, una mujer de 30 años, sus padres le habían hecho creer que las mujeres que salen con algún hombre son prostitutas, sean solteras o divorciadas. Por supuesto, esta manera de pensar interfiere y limita las nuevas relaciones de Rosana. Esta mujer se divorció porque su marido la golpeaba y era alcohólico. Durante su soltería postdivorcio, para que no saliera con otros hombres, el padre de Rosana la incitaba a que regresara con su ex esposo. Alcohólico y golpeador, pero era su esposo; para él era una relación legalizada, válida.

Muchas mujeres que salen de un matrimonio largo, contemplan como única relación posible o deseable, una similar a la que están dejando, y no se permiten tener otro tipo de relación. Estas mujeres pueden ser lastimadas por no saber que existen otras opciones y, al ignorarlo, no pueden elegir.

## Las relaciones A y B

Existen dos tipos de relación, que llamaré A y B.

*La relación A* es una relación en la que, después de un tiempo de noviazgo, entramos en un matrimonio, es decir, en una relación de compromiso ("con papel" o sin él). Esa relación es la misma de la cual estamos saliendo con el divorcio. Cualquiera que esté casado, o que forme parte de una pareja, está en una relación A.

*La relación B* es una relación que se puede tener "sin compromiso", sin exigencia. Ambos se reúnen para pasar un buen momento, cada quien vive en su casa. Esta relación B tiene un principio y un final; puede durar un mes, tres meses, un año, dos años, cinco años. La frecuencia de los encuentros es también variable. Los requisitos para esta relación es que las dos personas quieran tenerla, sin compromiso, sin esperar nada a cambio que no sea pasarla bien cuando se ven. Deben ser personas discretas, inteligentes, bien intencionadas.

*La relación B* es una opción posible. En ella, cada quien vive en su lugar y es autosuficiente. Requerimiento básico: paz interna, luego de resolver la etapa anterior con la ex pareja, con los hijos y consigo mismo.

Si no ha resuelto esto cuando llegue el encuentro con una nueva posibilidad, sólo verá una "tabla de salvación" y se lanzará sobre esta: el resultado será que ella se sienta amenazada, como presa perseguida por el lobo. Y entonces correrá, correrá... y correrá, provocando con esa conducta que "el lobo" la persiga más.

El pronóstico no resulta bueno. A pesar de ser lo que más desea, el perseguidor no está listo para una relación de ese tipo, ni para ninguna que tenga final feliz.

Primero debe buscar la paz interna; es decir, solucionar sus necesidades básicas mediante la aceptación de su realidad.

Una relación "ocasional", o un "ligue" de fin de semana, nada tiene que ver con la relación B. Obviamente, la relación A es incompatible con otra relación A. Una persona no podría tener dos relaciones A. Pero hay quien puede tener dos relaciones B.

He visto casos en los cuales él o ella, estando en una relación A, tienen una relación B, que en algunas ocasiones ha ayudado al mejor funcionamiento de la relación A.

La relación B no es la que tienen algunas personas para desquitarse y agredir a la pareja haciéndola aparente, ni es la relación en la cual el hombre llega a su casa con la camisa pintada, o cuando hay llamadas telefónicas al domicilio para molestar. Tampoco para llamar la atención del cónyuge, el cual se tiene que percatar de su existencia, no. No es ninguno de estos casos; por eso, repito, es muy difícil tenerla, pero puede ser muy gratificante. La tienen hombres y mujeres casados, solteros o divorciados.

La relación B es tan valiosa como la relación A. Algunas veces las personas pasan tan buenos momentos en la relación B que quieren transformarla en relación A. En mi experiencia he visto que eso es un gran error, y en el 95% de los casos no funciona. La relación B debe seguir como B. Y cuando llegue el momento, debe terminar como B.

Difícilmente, una relación que inicia como B puede terminar como A. Como las personas que sostienen una relación B sólo se entregan los buenos momentos, tienen la fantasía de que sería increíblemente hermoso vivir con esa pareja y quieren convertir esa relación en una de tipo A. Pero en cuanto eso sucediera también aparecerían los momentos difíciles y no funcionaría.

En la etapa de soltería postdivorcio, muchas personas creen que iniciar una relación siempre significa que será una relación A; sobre todo las mujeres. Si una mujer recién divorciada conociera un amigo y al empezar a salir con él fantaseara con la idea de que "éste es el bueno", es decir, lo viera como prospecto de relación A, mientras él estuviera pensando que es una linda chica con la cual le gustaría tener una relación B, posiblemente ella saldría lastimada. Lo importante es saber qué estamos esperando; nuevamente, estar conscientes de nuestras expectativas nos protegerá de un mal momento.

Al salir lastimada, la persona desea recluirse; no quiere volver a saber nada "de los hombres" o "de las mujeres", según el caso, aunque les sucede con mayor frecuencia a las mujeres.

Estar conscientes de qué tipo de relación pueden tener en este momento y qué obtienen de ella los protegerá y les permitirá disfrutar de las nuevas relaciones.

Las relaciones A y B son una realidad y cuando uno entra en la etapa de soltería después de un divorcio, es importante saber que hay otro tipo de relaciones que no son únicamente para casarse de inmediato para poder obtener el cariño y el apapacho que uno busca.

Para obtener el cariño que necesitamos en esos momentos de inestabilidad no es necesario casarse, es decir entrar en una relación A, de compromiso, formar una pareja para lo cual no se está preparado todavía; no sería recomendable. Debemos dejar pasar un tiempo en el que reflexionemos y maduremos.

Si bien es cierto que entre más necesitada esté una persona y más crea ver en el prospecto de pareja lo que busca, más decepciones se puede llevar; también es cierto que en esta etapa de recién divorciados, si uno ha hecho un trabajo interno esto le permitirá pasar a una etapa muy bonita de libertad donde hay más probabilidades de encontrar una persona adecuada con quien pueda disfrutar de la compañía, la plática, la sexualidad, con quien salir o pasar un fin de semana delicioso.

Edgardo y Fanny se casan jóvenes y empiezan a tener hijos. Con el tiempo, cuando los chicos ya están en primaria y secundaria, el percibe que ella sigue centrada en su papel de madre, dedicada únicamente a los hijos, y se siente solo y molesto. En vez de hablar con ella y tratar de solucionar el asunto, como está enojado, empieza a criticarla por las fallas que encuentra en casa. La descalifica constantemente.

Poco a poco se separan. Si lo lleva al aeropuerto (porque viaja con frecuencia) y tienen media hora para tomar juntos un café, ella abre el periódico y él, que se siente ignorado, se enoja y expresa: "Adiós, ya me tengo que ir, que sigas disfrutando de tu periódico". Si él le hubiera dicho: "Mi amor, preferiría platicar contigo en este momento que estamos juntos", ella habría aceptado gustosa, ya que si no quisiera estar con él, lo habría dejado en la puerta y no se habría bajado a acompañarlo hasta el último momento.

✻ ❖ ✻ ❖

Luis, que jugaba tenis, dijo a su esposa, María, que lo acompañara a la clase de tenis para que viera sus adelantos. Ella aceptó, pero se llevó un libro para leer mientras él jugaba. Nunca lo vio: él estaba en la cancha; y ella, en la cafetería del club.

Cuando se divorciaron (no fue por ese detalle), Luis prosiguió las clases de tenis. En cierta ocasión, una amiga quiso acompañarlo para verlo jugar, y él le dijo: "Trae contigo un libro para que no te aburras", a lo cual ella contestó: "¡Cómo! Si voy para verte jugar y estar contigo". ¡Luis no podía creer la respuesta! A los seis meses se casó con ella (no por el detalle del tenis... pero éste influyó para conocerla).

Teresa es una gran madre, atiende a los hijos y ya no le queda tiempo para acompañar a Pablo, quien en uno de sus viajes conoce a Viviana: divorciada, y sin hijos, está encantada con la plática de Pablo, que es un tipo simpático, un poco tímido, inteligente, agradable. Conviven unos días en la ciudad en que han coincidido, y establecen una amistad, una confianza y una relación amorosa muy íntima. Pablo está encantado; aprende experiencias con la mujer, sintiéndose atendido y deseado, y tiene una vivencia sexual cada vez más completa y única con Viviana.

Cuando ambos regresan a su ciudad de origen, quedan en verse cuando fuera posible y quisieran. *Te veré cuando te vea*: una relación sin compromiso. Cuando volvían a reunirse, sólo se proporcionaban mutuamente los aspectos agradables de una relación: no compartían los problemas, sólo disfrutaban del momento y ninguno obstaculizaba al otro en su vida personal.

Quien tiene una relación B como la que describo, vive momentos agradables, en los cuales sólo comparte lo grato y no lo fastidioso. Pero no es fácil encontrar a la persona adecuada para tener tal relación, donde se hable con la verdad y ambos acepten la situación y sean discretos. Ciertas personas quieren tener una relación extramarital para llamar la atención de la pareja o desquitarse de alguna infidelidad, y la manejan como agresión. En este caso, hacen lo necesario para que la pareja se dé cuenta: llegan con la camisa manchada de lápiz labial, con los cerillos de un hotel, un regalo, o con llamadas registradas en el teléfono celular. Eso es lo más lejano de una relación B.

Si uno quisiera tener una relación B y se encontrara con alguien que se comporta así, lo mejor sería alejarse, pues no es la persona adecuada. Ésta busca usar a alguien para su desquite, lo cual supone una relación muy diferente y peligrosa; pero muchos, por lascivos, acaban metidos en un conflicto grave.

Muchos hombres tratan de aprovecharse de las mujeres: captan que tienen necesidades afectivas o económicas y casi les prometen matrimonio. Después de que se les entregan, resulta que eran casados y nunca lo habían dicho. Ésta no es la relación de que hablamos. Relaciones de ese tipo son *de cuarta*; ojalá las mujeres nunca cayeran en estas trampas; por desgracia, a veces hasta se embarazan y luego se arrepienten cuando ya cargan un hijo no deseado que sólo les da problemas. Claro que a veces se embarazan para atrapar al hombre.

❖

Muchas veces, alguien busca una relación B porque "no tiene pareja". Esto era frecuente en el "bando" masculino, pero ahora los porcentajes se igualan en ambos géneros. Con frecuencia creciente, vemos relaciones de pareja donde cada quien vive en su casa y se hace cargo de ella, y se ven sólo para compartir ocasiones sociales o íntimas. Esas relaciones funcionan bien cuando cumplen las expectativas de ambos. Yo recomiendo siempre a mis pacientes que traten a su pareja cual si fueran novios, como si se hallaran en su relación B, aunque estén casados o vivan en pareja: tengan detalles, díganle que está muy bonita, o a él, que su corbata se le ve muy bien; escúchense. En fin, todo lo que el hombre o la mujer diría o haría en su relación B o a su amante. Verán un gran resultado.

Y sugiero a mis pacientes mujeres que, aparte de tener su tiempo de "mamás", dediquen uno a sí mismas y otro a ellas con el esposo como pareja: que salgan a cenar o de viaje o que cierren la recámara y coloquen un letrero de "no molestar". Tomen el café juntos, descansen, platiquen o hagan el amor, o tomen una siesta, pero dense un espacio; los hijos aprenderán a respetarlo. En ese momento no contestamos el teléfono ni la muchacha viene por dinero para la tintorería.

Para muchas personas una relación de este tipo es la primera oportunidad para tener una experiencia que puede ser muy placentera. Hay personas que no se dan permiso de tener dicha experiencia. Pero las que sí se lo permiten pueden sentir que están vivas y que la existencia vale la pena vivirse.

Repito: para esto es necesario trabajar internamente, quizás con la ayuda de una terapia: el sufrimiento, la depresión, la confrontación con nuestra realidad, el desprendimiento de la relación anterior, el manejo de la agresión que irrumpió tras la separación y haber resuelto o normalizado los asuntos económicos; sólo así tendremos más posibilidades de hacer una elección correcta.

## Los problemas económicos

Los problemas económicos después del divorcio son numerosos, pero ninguno es imposible de resolver. Tanto la pareja como los hijos deben entender que en esta nueva etapa no es posible tener el mismo nivel de vida que antes. Si uno como adulto aprende a aceptar la nueva situación, los hijos también lo harán. Si esto no se maneja adecuadamente, los padres sentirán una fuerte exigencia por parte de los hijos, como si los chicos les hicieran sentir que para ser "buenos padres" y quitarse la culpa del divorcio les deben dar todo lo que piden, lo cual en estos momentos es generalmente difícil porque los padres están más presionados económicamente. Pero no hay que preocuparse: la vida se encargará de demostrarles, a todos, los errores cuando intentan vivir de una forma que no les corresponde.

Muchos padres y madres alimentan en sus hijos ese estado de irrealidad que no les corresponde, y lo hacen porque a través de los hijos viven lo que ellos mismos hubieran querido vivir y no han podido. También, por sentimiento de culpa no quieren limitarlos, ya que, según dicen, "han sufrido mucho" por el divorcio, y también porque quieren aparecer como el padre o la madre buena, y desean que los hijos tengan una imagen de ellos como superpadres. Muchos hijos aprenden a manipular ese sentimiento de culpa de los padres para obtener beneficios económicos, viajes o permisos.

Hombres y mujeres en esta etapa se preguntan: ¿cuándo encontraré la pareja que quiero, que busco, que necesito?

Cuando no la busques llegará.
Sólo la vida sabe cuánto tiempo de soledad necesitas para darte cuenta de quién eres.

ALE

Mientras no conozcas tu mundo interno, no podrás relacionarte adecuadamente con el mundo exterior ni podrás tener relaciones interpersonales satisfactorias.

# 5
# Tiempo de maduración

El hombre busca pareja más rápido que la mujer, según dicen, porque aguanta menos la soledad. De ser así, entrará rápidamente en una nueva relación sin haber analizado la anterior y reflexionado sobre ella; por tanto, pronto se verá envuelto en una relación similar a la recién terminada. Por no trabajar la anterior, repetirá sin remedio su relación patológica y no tendrá crecimiento interno.

También dicen que los hombres tienen más facilidad para buscar y encontrar pareja, pues con el divorcio están más libres de las responsabilidades de los hijos. Esto le amplias las oportunidades de conocer mujeres. Muchas veces eligen parejas más jóvenes que las ex esposas, lo cual enoja y da inseguridad a éstas.

Según los prejuicios, la mujer debe buscar un hombre mayor que ella, con más educación e ingreso económico, pero a medida que está más preparada, encontrar uno que la merezca se dificulta. Y esto les disminuye las posibilidades de encontrar pareja, en comparación con los hombres. Todo mundo ve normal a un hombre de 45 a 50 años que se relaciona con una mujer de 28 a 30; en cambio, si eso lo intenta una mujer, la señalan con el dedo. Empero, cada vez hay más casos así.

Como dijimos, por el predominio de la custodia materna después del divorcio, la mayor carga de responsabilidades cae en las mujeres; esto les impide rehacer su vida más fácilmente. Ellas se encargan más de los hijos, y muchos padres hasta reducen su contacto con ellos, lo que por fortuna no sucede en el grueso de los casos. Las madres que tienen la custodia se quejan de penurias económicas, de mayores cargas de trabajo y de tener que sacar adelante a los hijos, lo que las sitúa en mayor estrés. Ellas tienen menor ingreso económico y más inestabilidad laboral, y suelen cambiar de domicilio en los tres años siguientes al divorcio. Cuando a alguna le va mejor, en el aspecto económico, por lo general es debido al rematrimonio, no a lo que hayan hecho con sus carreras.

Debido a los múltiples cambios y a las tensiones asociados con el divorcio, tanto los padres como las madres están en mayor riesgo de trastornos físicos y psicológicos. Esos factores contribuyen a una maternidad ineficiente, la cual consiste en una baja capacidad de dar apoyo, cariño, control y monitoreo a los hijos en el primer año después del divorcio. Aunque el control materno mejora con el tiempo, ciertos problemas de disciplina con los hijos pueden durar mucho.

Aunque las relaciones madre-hija puedan ser conflictivas al momento del divorcio, poco a poco se tornan más cercanas y de apoyo. En la adolescencia, el conflicto madre-hija puede reaparecer, manifestándose como un *acting out* (embarazo temprano o conducta promiscua o agresiva). En la adolescencia, especialmente los hijos varones se alejan más de la familia y, si carecen de supervisión y tienen malas amistades, quizá surjan conductas antisociales y delincuencia.

Conocemos menos la evolución de las relaciones padre-hijo cuando la custodia la tiene el papá. Los que buscan la custodia de los hijos parecen intervenir más en su educación y acompañarlos más en su desarrollo.

Los padres tampoco monitorean bien a sus hijos y también incurren en conductas delictivas.

En cualquier caso, el mejor ajuste de los chicos se logra cuando los educan en un medio firme, con control disciplinario pero, al mismo tiempo, cariñoso, con apoyo y comunicación.

❖

Después del divorcio las personas se sienten solas. Algunas están deprimidas, otras pueden caer en el uso exagerado del alcohol o de las drogas, o en la promiscuidad como una manera de escapar.

Son momentos en los que todos desearíamos sentirnos queridos, seguros, acompañados. En este tiempo las personas están muy sensibles al rechazo y son proclives a sentirse abandonadas. Es posible que piensen que no valen nada, que jamás encontrarán a alguien que los quiera. Posiblemente no tienen proyectos, ni alicientes para vivir, para trabajar, y menos para relacionarse. Como hemos visto también, estos son temas y sentimientos importantes que deben trabajarse (de preferencia en una terapia) y que nos darán la oportunidad, si estamos dispuestos a aprovecharla, de enriquecernos enormemente.

Madurar significa soltar el pasado y atreverse a estar con uno mismo. Y cuesta mucho trabajo.

> Conocí el caso de Carmen, quien vivía en Taxco, Guerrero. Llevaba año y medio separada de Fabián, quien vivía en Cuernavaca. Cada quince días, él visitaba a la pequeña

hija de ambos y se quedaba el fin de semana en casa de Carmen, quien lo aceptaba argumentando que también era su casa. Ella albergaba la esperanza de volver con él, y por lo tanto lo esperaba ansiosamente. Pero él le había dicho claramente que no quería nada con ella; entonces, cuando el tema surgía, Carmen se enojaba y se convertía en la bruja del cuento, agredía a quien se le pusiera enfrente, estaba con cara larga y no era una compañía agradable.

Esta conducta convencía a Fabián de que su decisión de no tener nada que ver con ella era la mejor. Durante sus visitas, él le decía que estaba gorda; que nadie se fijaría en ella; que siempre estaba enojada. A ella le costaba mucho trabajo aceptar la separación, no quería asumir la realidad de que su matrimonio se había terminado. Y se apoyaba en la actitud de Fabián, quien le enviaba un doble mensaje, ya que por un lado decía que no quería nada con ella y por otro pasaba algunos fines de semana y la Navidad con ellas.

Cuando Carmen vio a Fabián con otra mujer se deprimió mucho, pero esto le sirvió para dar el siguiente paso y, ahora sí, aceptando que su relación ya estaba terminada, poder separarse, lista para reflexionar, madurar y después hacer planes para una nueva etapa, si así lo decidía. Qué lastima que necesitó esa experiencia tan dolorosa para avanzar. Pero así somos, a veces necesitamos vivencias dolorosas para aprender.

Estar solo tiene muchos significados, positivos y negativos: desde sentirnos perdidos sin tener a alguien a nuestro lado con quien contar o a pesar de tener seres cercanos que nos quieren no podemos aprovecharlos y la angustia interna nos inquieta y nos atormenta haciéndonos sentir basura, seres sin importancia o sin remedio.

Pero, también, estar solos de una manera sana significa tener la paz interna que te permita vivir cada instante de una manera plena, disfrutar cada momento, cada amanecer, cada atardecer; disfrutar que sale el sol o que el día está lluvioso, porque estás contigo, porque no necesitas a nadie, y tienes la capacidad de darte cuenta de que algo nuevo ha nacido.

La etapa de estar solo es como si lo que existió antes hubiera desaparecido para dar paso a algo distinto. Es la oportunidad de que nuestra vida cambie radicalmente. No es que dejemos de estar tristes, sino que seamos distintos. Por supuesto, lograr esto lleva tiempo. Es aprender a aceptar la vida tal como es.

Una vez que hemos logrado aprender a estar con nosotros mismos, podemos esperar tener mayor éxito al salir con nuevas personas. Aunque también, mientras esto sucede, sabemos que salir con nuevas personas puede significar conflicto, confrontaciones. Como el caso de Mireya que cada vez que conocía a alguien le dejaba muy claro que ella no estaba interesada en tener relaciones sexuales y si algo no salía como ella quería, fácilmente se enojaba y sacaba un montante de agresión tremendo; por supuesto que el galán en turno se quedaba asustado y huía del panorama, la mayor parte de las veces. En otros momentos, ella se mostraba como la más tierna y dulce mujer pero los que ya conocían su otra faceta no se le acercaban más y así ella consiguió lo que quería.

Al empezar a salir con nuevas personas a veces nos peleamos por situaciones que nos parecen importantes en ese momento y que al paso de las horas ya tienen menor significado, o discutimos por situaciones que interpretamos de forma diferente a nuestra nueva pareja. Tal parece que por estar todavía deprimidos estamos fácilmente irritables. Además, tenemos miedo a establecer una nueva relación. Y los fantasmas de las experiencias pasadas aparecen atrás de esas conductas exageradas.

Los dos podríamos interpretar el incidente de diferentes puntos de vista distintos. ¿Pero cómo lo arreglamos? Intentar hablar cuando estamos enojados no es lo más recomendable; pero si dejáramos pasar demasiado tiempo tampoco sería conveniente porque el otro puede estar ya muy enojado. Ambos podemos concluir equivocadamente que esa relación no nos conviene, sin ver que estamos muy sensibles y defensivos.

❊ ❖ ❊ ❖

Los integrantes de una futura pareja tienen expectativas diferentes; por ejemplo: Pedro es viudo desde hace un año. Tiene 55 de edad, aunque después de un matrimonio de 30 quiere disfrutar de su libertad, al mismo tiempo enfrenta el duelo por la pérdida de su esposa.

A medida que transcurre el tiempo, también quiere conocer gente nueva, desea compañía y diversión, en palabras de él mismo, aunque desde luego que no busca una relación estable y de compromiso en este momento.

Pero resulta que las mujeres con que se encuentra, o le presentan, ya han pasado varios años de divorciadas, y buscan cierta estabilidad de pareja y, quizás, seguridad económica y emocional.

Él quisiera una relación sin compromiso: una de tipo B. Después de sus encuentros, él sigue solo y ellas también, pues sus expectativas son diferentes.

Los seres humanos somos difíciles y siempre queremos tener la razón. Es conveniente ponerse en los zapatos del otro y desde allí, estando en su posición o en su lugar, discutir, porque así podemos entender su punto de vista. A veces, estamos además presionados por conflictos externos, como el trabajo, la familia, los padres, hermanos, hijos o el dinero; y debemos estar conscientes de ello para no contaminar nuestra relación. Dar el paso hacia un cambio es difícil porque lo nuevo es desconocido y le tememos; pero al intentarlo honestamente habremos dado el primer paso hacia nuestra nueva forma de ser.

Antes de entrar en un rematrimonio muchas personas pueden presentar lo que yo llamo "el síndrome de Tarzán"; es decir: cuando Tarzán se soltaba de una liana, ya estaba aferrado a la siguiente. De la misma manera, hay personas que se quieren soltar de su relación enferma o que ya no funciona, sólo hasta que tengan otra relación a la cual se puedan aferrar. Esto no lleva a nada bueno pues generalmente se escoge a alguien igual a la persona anterior; entonces sólo repetirán la experiencia negativa, y el resultado será igual. Esto sucede porque no se dan el tiempo de reflexión y análisis necesario para asimilar y aprender y se aferran rápidamente a otra relación, a la que imaginan conveniente para poder unirse. Temen mucho quedarse solos y no quieren ver que ése es un paso necesario. No es buena idea separarse de la relación anterior porque ya se tenga otra. La verdadera razón para separarnos en una relación es porque ésta ya no funciona.

A veces no queremos ver ni pasar por el proceso de aprendizaje y soledad necesario para crecer y entender cómo resolver nuestros conflictos, y sólo optamos por tener nuevas relaciones. Porque cuando empezamos una relación nueva todo es muy bonito: nos enamoramos, "estamos fuera de la realidad", idealizamos a la pareja, la vemos como quisiéramos que fuera... ¡Es tan estimulante! Nos sentimos en las nubes. Pero de pronto esto se acaba y la realidad irrumpe, y si nos hemos precipitado, nos veremos repitiendo nuestra mala elección. Aun después de darse cuenta de esto, muchas personas siguen en esta nueva relación porque tienen miedo de estar solos, y por ese temor pueden mantener una relación muy insatisfactoria.

Si uno sostiene una situación como ésta, irá sintiéndose cada vez peor consigo mismo, hasta que se vea forzado a terminarla. Después de ello se puede caer en una fase de tristeza, de decepción, y decir derrotado: "otra vez solo". "Todas son iguales, quién entiende a las mujeres, son seres diferentes..." "Todos los hombres son iguales, egoístas, ruines, quién los entiende... ¿qué no hay hombres diferentes? Ya no son como antes..." "¿Dónde están los buenos partidos?, ¿realmente existen?" "¿De veras valdrá la pena vivir en pareja?"

Uno puede entrar en una fase de desesperanza hasta que un día logra tener la completud dentro de sí mismo para no depender de nadie. Ser autosuficiente, independiente en todos los sentidos: emocional, económico, sexual, ocupacional. Esto significa tener un mayor desarrollo.

Hay un gran número de actividades que pueden ayudarnos a encontrar nuestro camino, nuestro autoconocimiento y a estar en paz con nosotros mismos. La meditación es una práctica que ayuda a encontrarlo. Otro apoyo es escribir lo que nos pasa, lo que sentimos, porque al hacerlo lo procesamos y cuando uno lo lee tiempo después, siente la diferencia y entiende el momento tan depresivo o de tanto enojo en que uno se encontraba. Esto nos ayuda a conocernos y a lograr la paz interna.

Por supuesto, la psicoterapia es el camino ideal que nos ayudará a encontrarnos a nosotros mismos de una manera segura y eficiente.

❖

El mundo es una caja de sorpresas y nosotros los humanos también. **Todo pasa por algo. No hay casualidades**.

Será muy útil darnos cuenta de que las cosas son así, y esto nos ayudará a enfrentar lo que nos pasa y a aprender de ello. Si queremos aprender de manera sincera y honesta, podemos sentarnos en un lugar cómodo y silencioso para hacernos las siguientes preguntas, tomándonos todo el tiempo que necesitemos para respondernos mentalmente o por escrito. Es muy importante hacerlo sin culparnos:

Si esto me pasó y lo estoy sufriendo, ¿por qué fue? ¿Qué debo aprender? ¿Cuál fue mi participación en el hecho? ¿Por qué me pasó a mí? ¿Qué significa? ¿Cuál es el mensaje que debo recibir? Conocer las respuestas me permitirá lograr un gran aprendizaje.

> Por ejemplo, una pareja me comentaba que tenían problemas en el área sexual. En esta área la comunicación es importante, porque puede evitar problemas innecesarios. Tenían tres años de casados.
>
> Isabel, de 30 años, no deseaba tener hijos todavía porque argumentaba que no estaba segura de quedarse en la pareja. Marcelo, de 40 años, trabajaba todo el día y por el tipo de trabajo que hacía se la pasaba en compromisos sociales que implicaban beber mucho alcohol. Ella se quejaba porque quería tener relaciones sexuales con mayor frecuencia. Para él, dos veces al mes era suficiente y

además, quería tener relaciones sexuales los días que llegaba tarde y "con copas"; y al intentarlo, evitaba los preámbulos. Isabel rechazaba todo lo relacionado con el alcohol, ya que sus padres se habían divorciado por esa causa; para él no existía ningún problema de alcohol. Sabemos que los alcohólicos niegan que están enfermos o que tienen ese problema.

Ella deseaba una relación llena de romanticismo y de preámbulos, como caricias y palabras dulces; en fin, quería darle tiempo a la relación sexual, quería hacer el amor, no sólo tener relaciones sexuales. Empezaron a tener grandes resentimientos y a agredirse; llegando incluso a la violencia física. Ambos trataban siempre de convencer al otro de que cada uno tenía la razón. El pronóstico era malo: ya habían intentado terapias de pareja y sexual, pero él siempre saboteaba los resultados dejando de asistir o de cooperar.

Cuesta mucho trabajo darse cuenta cuando la relación con quien uno vive está enferma y aceptar que no será gratificante y que quizá no tenga remedio. Por ello, muchas parejas pasan muchos años tratando de hacer que el otro cambie.

Es importante recordar que el mejor afrodisiaco es una buena autoestima. En este tiempo de maduración y reflexión, tanto hombres como mujeres hacen un trabajo interior para lograr ser personas seguras; es decir, tener una buena imagen de ellas mismas, y lograr una relación en la cual ambas partes sean libres; donde, si se piden alguna opinión, el otro pueda sugerir algo pero no imponerlo, ni sentir que no somos queridos sólo porque la pareja no hizo lo que le sugerimos.

Procuremos que cada día sea especial; aprendamos a disfrutar los diferentes momentos, a pensar positivamente durante el día, y llegaremos a la noche llenos de sensaciones positivas y de amor, ya sea que vivamos solos o con nuestra pareja.

# 6
# Subirse al carrusel con los dos pies

La proporción de divorcios en el primer matrimonio es de 47 a 50 por ciento, y en el segundo aumenta a un 60-70.

Los hijos en edad escolar (6 a 12 años) y los adolescentes (12 a 22) tienen la fantasía de que sus padres vuelvan a vivir juntos o a casarse. Con esa fantasía, muchas veces inconscientemente, hacen todos los esfuerzos para que su padre o su madre se separen de la nueva pareja. Para lograrlo se portan desde indiferentes hasta agresivos y retadores.

¿Cuánto influyen los hijos adolescentes en el aumento de porcentaje del redivorcio?

¿Cuánto influye el ex marido, sobre todo si es del tipo paranoide que no quiere soltar a la mujer?

¿Cuánto influye la mujer, sobre todo cuando es codependiente del ex y le da “ganchitos” para que se agarre y no la suelte?

Algunas respuestas se encuentran en este libro; otras las estoy investigando.

❖

En el rematrimonio, muchos datos de la historia personal de cada uno son ignorados por el otro, y demasiadas veces ni vienen al caso, ya que escriben una nueva historia, la de esta pareja de rematrimonio.

En contraste con los padres de familias no divorciadas, los de familias divorciadas o con rematrimonio sufren angustias y situaciones difíciles en los primeros dos años de la transición marital, y peor cuando hay hijos adolescentes. Sin embargo, los padres rematrimoniados también refieren cambios positivos durante los dos primeros años de rematrimonio.

Considero que la experiencia tiene aspectos positivos y que se presenta una muy agradable oportunidad de vivir de forma diferente. No obstante, también hay el reto de la nueva adaptación, que pone a trabajar la capacidad de ser flexible y de cambiar.

Después del divorcio o del rematrimonio, los adolescentes varones tienden a apartarse de la familia; y si en esta retirada se asocian a un grupo antisocial, debemos esperar una conducta delictiva. Se ha observado que así entran con mayor facilidad en problemas de drogas, alcohol y delincuencia. Esto genera mucho más estrés en las madres divorciadas y rematrimoniadas, quienes presentan por lo mismo más problemas de salud y depresión.

Sin embargo, para muchas mujeres, además de padecer estrés, el divorcio y el rematrimonio representan la oportunidad de salirse de un matrimonio insatisfactorio. También son la oportunidad para un crecimiento personal. Dos años después del divorcio, 75 por ciento de las mujeres declaró ser más feliz en su nueva situación que en el último año de su matrimonio. Mostraban menos depresión, angustia, consumo de alcohol y problemas de salud.

Como la práctica clínica lo ha demostrado, con mucha frecuencia los hijos de parejas rematrimoniadas desean que los padres originales vuelvan a unirse. Ante la perspectiva de la nueva pareja de uno de sus padres, subsiste la posibilidad de que los hijos busquen hacer cosas para objetarla o debilitar la nueva relación, que en esos momentos no es muy fuerte.

❖

¿Cómo puedo asegurar que mi relación sea exitosa? ¿Estoy preparado? Nadie nos prepara para entrar a las diferentes etapas de la vida. Realmente no estamos preparados para entrar a la etapa prescolar, ni a la escolar; ni a la adolescencia, ni para casarnos o para divorciarnos, y menos para entrar al rematrimonio. Nadie nos avisa qué puede pasar, qué debemos cuidar, qué podemos esperar; en nuestra cultura no hay una educación para tener un rematrimonio.

Entrar en el rematrimonio es "subirse al carrusel con los dos pies"; es decir: es un compromiso al futuro, no es transitorio. No funciona cuando dejamos un pie abajo, ya sea porque no tenemos suficiente confianza para subirnos con los dos o porque nos da miedo. A veces queremos asegurarnos dejando un pie abajo debido a que, por las experiencias anteriores, tenemos desconfianza.

Los seres humanos somos repetitivos. Las experiencias anteriores se asoman a nuestro presente; somos sensibles a interpretar lo nuevo en razón de lo vivido. Por el miedo con que entramos a la relación, nuevamente, lo hacemos a la defensiva.

Al entrar en el rematrimonio uno fácilmente puede caer en la actitud de "si no funciona me salgo, me voy", que sería como tener un pie abajo del carrusel preparándose para salir huyendo de la relación. Por lo tanto, es comprensible que al estar en esta actitud tan defensiva es difícil que la relación evolucione. La idea más conveniente sería: "ya estoy aquí, ahora me quedo, lo resuelvo, y no salgo corriendo a las primeras de cambio". Se siente mucho miedo pero uno debe darse la oportunidad de superar los obstáculos. Si después de un tiempo razonable decide que se equivocó de nuevo, entonces...

¿Pero qué significa que una relación evolucione? Significa hablar, poner reglas, resolver los conflictos que se van presentando, entre muchos otros aspectos que veremos a lo largo de este capítulo.

Existen diversas maneras de no subir con los dos pies al carrusel. Se llaman resistencias y sabotajes. Ocurren cuando hacemos lo contrario de lo que queremos, y están, por lo general, motivadas por miedos y temores.

Al entrar en la etapa de rematrimonio, los integrantes de la nueva pareja pueden tener un nivel de desarrollo diferente y esto es una excelente oportunidad que pueden aprovechar para crecer, para aprender en la convivencia. Si uno se ve en la tentación de usar su mayor desarrollo para molestar o agredir a la pareja, debe preguntarse por qué está tan enojado con ella; qué movió dentro de uno. ¿Le tengo envidia porque ella está bien o porque está contenta? También puede suceder que tengan miedo a que, al estar bien los dos, puedan acercarse más –y la intimidad los asusta; prefieren enojarse "por cualquier detalle" para sabotear este momento.

Desgraciadamente, en las ciudades grandes la neurosis es un ingrediente importante en la vida de las parejas. ¿Sabías que la neurosis puede provocar que uno sabotee sus propios buenos momentos y los eche a perder? Si uno se da cuenta de que sabotea los buenos momentos, le conviene tratar de verlo y conscientizarse para evitarlo. Entonces tiene dos opciones: hablar los problemas o callarlos. La primera opción es la más recomendable y sana porque le da oportunidad a la pareja de entender lo que está sucediendo; así podrán ayudarse y no responderán negativamente, con lo que evitaremos agrandar la situación y convertirla en un problema.

También, al hablar sobre algo que nos molesta de nuestra pareja podemos encontrar dos posibles respuestas de parte de ella: una adecuada, donde acepta su responsabilidad, que se oiría más o menos así: "acepto lo que me dices; escucho; tomo consciencia de mi participación o responsabilidad en el asunto. Voy a observarme más en mis conductas que mencionas". Esta receptividad lleva a un buen pronóstico en la relación de pareja pues pueden hablar sus diferencias y tratar de corregirlas, lo que hará que crezcan en lo individual y como pareja.

La otra posible respuesta es menos adecuada, porque vemos que no tiene consciencia de que su conducta nos está molestando o lastimando; sonaría como sigue: "¿yo? ¿cuándo? ¡No fue así!, ¡te imaginas cosas!, ves problemas donde no los hay". En este caso, la pareja no acepta su responsabilidad y culpa al otro. Si después de algunos intentos (no por varios años, por favor, sino en un período más corto) esta conducta no cambia, aceptemos que hemos elegido a una persona narcisista, es decir a una persona que sólo se interesa en ella misma y que desprecia un tanto a los demás y a la que le es muy amenazante tanto aceptar sus errores como aceptar que tiene responsabilidad en el pleito porque eso mancharía su "reputación" de ser perfecto o perfecta.

Aceptemos que nos hemos equivocado nuevamente, si deseábamos tener una pareja para compartir las experiencias de la vida; o analicemos por qué necesitábamos tener a un ser tan "perfecto" a nuestro lado, como si por tenerlo cerca nosotros valiéramos más (si fue así, ¿dónde está nuestra autoestima?, creo que por los suelos)…Y probablemente vislumbremos otro divorcio en el horizonte. Mientras, existirá una convivencia desgastante, en donde tendremos que estar cuidándonos del enemigo en nuestra propia casa, pues necesariamente el perfecto o la perfecta necesitará culparnos de todo lo malo que sucede y los éxitos serán sólo de él o de ella, según sea el caso. Pero también debemos ser honestos y pensar que ese "perfecto o perfecta" podríamos ser nosotros mismos; así que cuando tu pareja te diga algo, observa si respondes defendiéndote y rechazando tu responsabilidad.

Ahora bien, si tenemos mucho miedo de ser dejados, entonces sí tenemos que tolerar esta situación. En ese caso sería conveniente empezar por analizar nuestra historia para saber por qué llegamos a esto, por qué nuestro miedo al abandono. ¿Es que vivimos alguna experiencia amenazante en nuestra infancia? Al reflexionar sobre esto pensemos qué podemos hacer ahora, cómo podríamos empezar a darnos valor. Algo que sirve es pensar que en este momento ya no somos el niño o la niña que vivió aquella experiencia difícil, ahora somos mayores y tenemos más armas. Estas armas las podemos usar dentro de la relación, tratando de hacer que funcione, pero nunca al costo de dejar de existir o de ser nosotros mismos para no sentirnos solos o abandonados. Si la relación no funciona, debemos atrevernos a soltarla. Sólo así tendremos la oportunidad de encontrar otra que sí funcione.

Si alguien entra en una relación de rematrimonio con un hombre que nunca ha tenido hijos, éste jamás entenderá las batallas que se libran por la pensión alimenticia y los gastos de aquéllos.

Cuando Ubaldo, viudo de 53 años que nunca tuvo hijos, empezó a vivir con Rosa, de 40 y con dos hijos, le pareció que se hizo de una familia "al instante". Si los hijos son pequeños, pueden adaptarse. Pero si son adolescentes, auguraríamos muchos problemas. Como Ubaldo no tiene hijos, a menudo se preguntará si quiere seguir viviendo en esa familia. Pero si la relación entre él y ella es fuerte, juntos podrán afrontar los embates de los hijos adolescentes.

Ya lo dije y volveré a tocarlo más adelante: las hijas adolescentes, en particular, son las más conflictivas y difíciles.

## ¿Cómo asegurar una buena relación de rematrimonio?

Al empezar a vivir juntos en la relación de rematrimonio, lo más conveniente es no establecer muchas reglas desde el principio porque entonces ambos correrán el riesgo de rigidizar la relación. Las reglas nuevas deben ser establecidas conforme se vayan necesitando.

Cuando se presentan los problemas es el momento en el que uno debe tratar de solucionarlos y es entonces cuando pueden aparecer las reglas nuevas. Tenerse amor facilita la superación de los problemas y disminuye la aparición del rencor.

Cuando aparecen los conflictos en la nueva relación,

aflora el modo habitual que teníamos para resolverlos o para no resolverlos. Por ejemplo, unos hombres salen corriendo del cuarto aventando la puerta; otros gritan para atemorizar a los presentes, otras lloran y se hacen la víctima (o al revés).

Ante el aumento de la tensión se responde igual que en el pasado. La historia siempre está presente. Por eso es muy importante estar consciente y receptivo a escuchar las críticas que nos hace nuestra pareja, siempre que sean bien intencionadas y amorosas.

Si no nos damos cuenta, podemos reaccionar como lo hacíamos en la relación anterior, cuando se nos presentaran diversas situaciones problemáticas.

Por ejemplo, Ana Paula no quería tener relaciones sexuales, y cada vez que regresaban contentos de alguna fiesta, ella buscaba cualquier pretexto en el camino para enojarse y sabotear las relaciones sexuales que Miguel tanto esperaba. Cuando él se percató del truco y la confrontó, ella negó todo. Por más ejemplos que él le mostraba, ella nunca aceptó que funcionaba así. Entonces Miguel decidió actuar de diferente manera: en las siguientes ocasiones, cuando ella trataba de provocarlo, él, consciente de lo que se perdería si reaccionaba a la provocación, le daba la razón a Ana Paula y aceptaba cualquier comentario como valedero; así llegaban a la casa sin pleito...

> En la pareja hay quienes usan la relación sexual para manifestar su coraje en lugar de canalizarlo por otra vía y se rehúsan a la solicitud del compañero; esto ocasiona distanciamiento, produce fantasías de triángulos amorosos, que algunas veces pueden llevarse a la realidad como

> relaciones ocasionales o como amantes fijos. Daniela y Jorge son una pareja que cuando se enojan, ella "castiga" a Jorge dejándolo sin relaciones sexuales. Durante un tiempo lo hacía pedazos con su técnica. Pero en un viaje de trabajo él tuvo una aventura que no llegó a mayores consecuencias; sin embargo, desde ese momento pensó que ya no estaría ahora bajo el control de Daniela en el asunto de las relaciones sexuales, en caso de que ella insistiera en castigarlo en vez de hablar y solucionar el problema.

Muchas veces, cuando una persona siente que él y su pareja se está acercando mucho en la convivencia diaria, tiene conductas que buscan un distanciamiento porque viven la cercanía como peligrosa, ya que al conocerse más pueden confrontarse con aspectos que no quieren ver de sí mismos o del otro.

Todos tenemos nuestra caja negra, o nuestra "Caja de Pandora"; determinadas actitudes o rasgos de la pareja nos la abren y de ella se salen los objetos "malos" que estaban muy controlados o guardados a presión, como todas nuestras reacciones negativas, exageradas e irracionales. Es importante la capacidad de recuperación para volver a cerrarla nuevamente (y estar conscientes de que ciertas actitudes de nuestra pareja nos la abren).

> Lourdes, quien vivía un rematrimonio, comenta: "los mecanismos de defensa que uno aprende a desarrollar durante muchos años en una relación de pareja conflictiva, son muy difíciles de olvidar. Cuando una situación determinada le hace a uno recordar cierta similitud con una experiencia antes vivida, no hay nada que se pueda hacer, uno siente como si se destapara la caja y de ahí salieran todos esos sa-

pos y víboras y una puede decirle a su nueva pareja groserías y malas palabras que no se merece, él puede hasta quedarse estupefacto de ver a su adorada mujer diciendo palabras que nunca creyó incluir en su vocabulario".

La reacción posterior es sentir vergüenza porque uno se da cuenta de que con su nueva pareja esto fue "violencia innecesaria" y que uno solamente está reaccionando con base en experiencias pasadas. Puede llevar años para que uno se despoje de estos mecanismos que ya no son de utilidad en la nueva vida de pareja.

## Cómo lograr una relación exitosa

Para formar una pareja que viva en un rematrimonio exitoso, es necesario que ambos tengan COMPROMISO, CONFIANZA, RESPETO y AMOR.

Cuando una relación es exitosa, pareciera tener un poder curativo que nos brinda una gran satisfacción en nuestra vida cotidiana y también beneficia a los que nos rodean porque sienten la energía positiva que emana de la pareja.

En las relaciones de rematrimonio intervienen muchas variables; cada relación es diferente. Hay muchos casos en los cuales al principio del rematrimonio, siguen viviendo cada quien en su casa, con sus respectivos hijos, si los tienen. Este esquema ofrece la oportunidad de hacer los cambios pertinentes poco a poco; ya sea porque así convenga por la edad de los hijos o porque la pareja no quiere arriesgar su estabilidad al vivir todos juntos. Las obligaciones con los hijos muchas veces impiden o dificultan el rematrimonio.

Cuando cada quien vive en su casa, necesita un nivel de desarrollo personal importante o avanzado porque no se trata de una relación de amantes o de aquella relación sin compromiso que puede darse cuando uno tiene un departamento de soltero, no; la relación de rematrimonio es una relación de pareja aunque cada quien viva en su casa.

## Los hijos

La relación con los hijos es muy importante. Debe quedar muy claro que la nueva pareja no competirá con ellos por el amor de su padre o madre (según el caso). Es importante no empezar a educarlos con reglas nuevas y totalmente diferentes a las que ellos conocen porque nuestra nueva pareja tiene diferentes costumbres. Pero sí es recomendable que cuando convivan en las respectivas casas respeten las reglas y las costumbres de cada casa.

Es posible que la pareja tenga la fantasía de vivir en la misma casa porque quieren pasar más tiempo juntos, pero deben tener mucho cuidado para tomar esa decisión en el momento adecuado; este momento puede ser, por ejemplo, cuando los hijos adolescentes mayores tengan que cambiar de ciudad por asistir a otra universidad, o cuando salgan a vivir con el padre que no tiene la custodia, o que decidan vivir solos o se casen, o cuando ya queda sólo un hijo porque los otros viven en otro lado por diversas circunstancias, como querer vivir un tiempo con el otro padre biológico.

Una ventaja de vivir juntos es la economía, pues en el caso contrario es necesario mantener dos casas.

Vivir juntos es atractivo pero también es un paso difícil, ya que existe el peligro de que la convivencia mate la ilusión del encuentro de la pareja que, viviendo como novios, cada quien en su casa, se ven el fin de semana, después de no haberlo hecho entre semana por razones de trabajo.

Algunas personas dicen que la cotidianidad acaba con el deseo sexual y con el deseo de verse. Sin embargo, esto no tiene por qué ocurrir, si la pareja que vive bajo el mismo techo respeta los espacios y la libertad del otro. Lograr esto depende de la capacidad de la pareja; incluso podría mejorar la calidad de la relación, precisamente por la mayor frecuencia de los encuentros; además, pueden descubrir otras ligas entre ellos, como las características de la entrega y del compromiso. El éxito sexual depende de los dos integrantes.

Vivir separados y no verse diariamente tiene obvias ventajas, pero también una de las partes puede caer en una situación de querer llamar la atención total del cónyuge en los momentos o días que pasan juntos.

Al vivir juntos sería lógico pensar que cada uno organizaría su tiempo de manera que fuera un día a hacer ejercicio, otro a jugar tenis o hacer aeróbicos los fines de semana, por ejemplo. Pero al no vivir juntos y verse los fines de semana, lo que ocurre es que uno u otro demanda ese tiempo libre para estar con la pareja. Y si tiene su tiempo limitado (como ocurre con la mayoría de quienes viven en las grandes ciudades) entonces ocurre que ese es el mismo tiempo que uno quisiera utilizar para ir a hacer deporte, o resolver asuntos pendientes que no se pueden resolver entre semana. Cuando esto ocurre, existe el riesgo de que uno se sienta apresado por la pareja, o de que la otra parte no se sienta importante para el otro, debido a que éste no deja de atender sus asuntos pendientes aunque la pareja esté presente. Por lo tanto, la comunicación sobre estos temas entre la pareja es vital.

Cuando no viven juntos, al verse los fines de semana pueden compartir sus actividades. También es altamente recomendable que se permitan tener tiempo para las actividades e intereses personales. Por ejemplo, si uno quiere escribir en la computadora o leer un artículo interesante, el otro no debe sentirse relegado por creer que, como es el fin de semana en que están juntos, el otro debe dejar de hacer todo lo habitual "para estar juntos". No deben obstruirse porque entonces, en vez de ser agradable pasar el fin de semana juntos, lo sentirán limitante (al menos uno de los dos). Esto también deben hablarlo; ponerse de acuerdo para así disfrutar de la compañía del otro y de las propias actividades personales. Hablarlo es tener una actitud positiva y funciona bien acordar tener un tiempo de trabajo donde puedan estar juntos y cada quien trabajar en sus pendientes, y al descansar seguir con los planes compartidos; así ninguno sentirá que por verse "perdió el tiempo de trabajo". Por supuesto, todo esto varía de pareja a pareja y según el tipo de trabajo de cada uno.

Pudiera llegar a suceder que tuvieran la libertad de decir: "hoy no nos vemos porque tengo mucho trabajo que hacer o porque estoy muy cansado. Prefiero dormir y que nos veamos mañana".

Inclusive, a veces uno de los cónyuges atraviesa por situaciones difíciles que le provocan estrés y no tener consciencia de esto puede afectar la pareja, porque puede culpar a su compañero de cosas que no ha hecho o darle más importancia a los sucesos que pueden ser irrelevantes. Al conscientizarlas y hablarlas se puede evitar esto y hasta contar con el apoyo de la otra parte.

La clave del éxito es vivir casados como si fuéramos novios.

## ¿Cómo me comporto cuando voy a casa de mi pareja?

Cuando uno visita a la pareja en su casa (cuando no viven todavía juntos, estén o no casados) es importante procurar no opinar en tono negativo, sino por el contrario: "todo está bien", si se ve bien el cuadro a la altura en que lo pusiste, si está bonito ese color, qué bueno que el hijo adolescente haga aquello, o llegue a esa hora. Sobre todo al principio, uno debe ser más tolerante, como si llegara de visita; la gente no llega a criticar aunque no sea de su completo gusto el arreglo de la casa: la altura de los cuadros, la existencia de polvo sobre los muebles; o de las reglas: si las mascotas pueden entrar o no a la casa o si se pueden subir a los sillones, o si se vale fumar dentro de los cuartos. Uno observa las diferentes costumbres. Si algo no nos parece y nos atrevemos a comentarlo, según la reacción de nuestra pareja tenemos que preguntarnos si lo dijimos de manera adecuada y si vemos en ella la disposición para hacer cambios.

A veces toleramos, en esta etapa inicial, cosas que después trataremos de cambiar o aceptamos cambios con los que no estamos de acuerdo, pero lo hacemos para evitar problemas. Pero las aguas volverán a su antiguo cause una vez que el compromiso esté firmado o haya más confianza. Es decir, tendremos menos tolerancia para lo que no nos gusta y difícilmente aceptaremos cambios con los que no estamos de acuerdo. Hay que intentar ser más tolerantes y procurar no entrar en conflicto por situaciones que no valen la pena.

Pero también debemos saber que de la problemática actual nuestra pareja nos dio señales desde el principio y en ese momento más vale verlas y tomarlas en cuenta; en muchos casos habrá que aceptar desde ese instante que no va a funcionar, y en vez de forzar algo, mejor no seguir adelante con esa relación de pareja.

Debemos ser conscientes de que tenemos que aceptar al otro como es, puesto que sus costumbres ya están muy definidas y arraigadas, ya "ha andado toda una vida". A veces pasamos por alto detalles que en el fondo no toleramos, porque pensamos que después cambiarán. Eso generalmente no sucede; es mejor entrar a la relación aceptando lo que hay; ser honestos con nosotros mismos y con nuestra pareja. No debemos forzar las cosas, así no funciona.

Debemos ver las actitudes y comportamientos positivos de nuestro compañero o compañera y amarlos por eso. Tal vez alguno preguntará: "¿y si tiene tantas cosas negativas o que yo quisiera cambiarle?" A esa persona le contestaré con otra pregunta: "¿para qué se quiere meter en esa tarea descomunal de querer cambiar a alguien? ¿Por qué no busca a alguien más afín a sus ideas, que no necesite tantos ajustes? ¿No sería más fácil? "Pero es que yo quiero ésta porque me gusta y porque..."

Hay personas que todavía no están listas para vivir en paz con su pareja y aún necesitan una relación de pareja conflictiva para crecer y aprender más de ellos mismos. El tiempo les dirá cuando estén listos para vivir mejor, y ellos sabrán que "cuando ese tiempo llegue, será el momento" (*when the time comes, it´s the time*, como dicen los anglosajones).

## Tiempo y espacios para compartir

Cuando hay hijos de por medio, la situación se complica aún más. En esta etapa deberán acercarse a los hijos poco a poco. Es bueno decirles que se comporten como en una casa diferente, a la cual llegan de visita y de la que poco a poco se irán sintiendo parte, y que ellos también tienen un lugar allí. Para la buena convivencia es bueno –diría yo, necesario y casi imprescindible– que sigan las reglas de la casa. Si ellos captan la estrategia de comportarse en la casa como si fueran visitas al principio y poco a poco ir logrando la cercanía necesaria, se evitarán tensiones y problemas.

Pero también es deseable que se sientan en su casa y cuando se logra esto, cuidando lo anterior, obtendrán un gran aprendizaje y madurez que les servirá en su desarrollo y en la vida.

> Recuerdo el caso de Manuel, de 40 años, divorciado y con dos hijos varones de 8 y 10 años de edad, que se casó con Ximena, de 29 años; para ella era el primer matrimonio. Cuando llegaban los hijos de Manuel, el fin de semena que le correspondían, ellos hacían "de las suyas": gritaban, subían los pies a los sillones, comían sin modales y se ensuciaban. Manuel no les ponía límites porque quería

que estuvieran contentos cuando lo visitaban. Ximena trataba de ganárselos y ser amable. Por otro lado, la madre de los niños les hablaba mal de Ximena y eso contribuía a que ellos fueran tan agresivos.

Para que todo esto no contaminara la nueva relación de pareja, donde los dos se querían mucho y tenían muchas ganas de que su relación funcionara, Manuel debía establecer límites muy claros a sus hijos, exigiéndoles un buen comportamiento; si no, no podrían ir a verlo. Obviamente, esto era difícil para Manuel, quien tenía sentimientos de culpa por el divorcio (más adelante veremos este tema, en el capítulo sobre el hijo bomba).

Cuando la pareja de rematrimonio decide "subir al carrusel" con los dos pies, comienza la convivencia, empiezan a conocerse; y en un sentido se acaba "la luna de miel" y empieza la realidad de su vida. Esta etapa puede ser muy bonita y más fácil entre más trabajo interior hayamos realizado hasta el momento. Es decir, entre más nos conozcamos, esta consciencia de nosotros mismos nos brindará la oportunidad de que esta realidad sea de una calidad de vida óptima. Cuando la pareja es más joven en su desarrollo, esta convivencia le servirá para pasar por las etapas que necesite para llegar a esta relación de libertad y plenitud.

Enamorarse es ser atraído por una experiencia de amor y fascinación únicamente con el ser amado.

En ese momento se retira la energía del exterior y se vierte sobre la persona de la cual nos enamoramos.

Al enamorarse, dos personalidades entran a un espacio de amor de donde saldrán cambiados por esa experiencia.

Hay una pérdida de límites, de fronteras, de distorsión del sentido del tiempo, una sensación de que todo lo externo y los otros son irrelevantes.

Es una relación de los dos inconscientes.

Después de este maravilloso período de enamoramiento, irrumpe la realidad; sobre todo cuando ya se vive con la pareja.

Pero ¿qué une a las parejas? ¿El sexo? ¿Tener proyectos comunes? ¿La casa? ¿El trabajo de cada uno? ¿El deporte? ¿El dinero?

¿Cuáles son las expectativas que tiene cada uno de sí mismo, de la relación de pareja, del cónyuge? ¿Las expectativas de cada uno son similares o cada quien tiene expectativas diferentes?

¿Qué importancia tiene realmente el sexo en la relación de pareja?

En una relación de pareja evolucionada hay intimidad, amor, interés sexual en ambos; pero también hay relaciones en las cuales a pesar de la ausencia de las características anteriores, no quieren separarse y expresan que viven como si fueran hermanos o amigos no sexuales. Una mujer decía que no tenían relaciones sexuales desde hacía dos años, pero que él era "tan buen hombre, tan buen padre", que no podía dejarlo.

Recuerdo otro caso de una pareja de rematrimonio en el que ella no quería que él se le alejara ni un momento, y lo amenazaba diciéndole que si no la atendía todo el tiempo, alguien más podría entrar a la relación. Ella le escribía: "en ese estado en el que nos encontramos, de problemas y actitudes defensivas y de lucha por el poder, hay que cuidar bien el territorio, porque si no, puede entrar un enemigo y ganar la batalla, aunque seguramente con heridas de por medio..."

"Cuando te alejas de mí y vas a tus viajes, sólo dejas huecos; y no creas, me da miedo porque los huecos tienden a llenarse." (Es una amenaza de que una tercera persona apareciera.)

María Antonieta y Luis, una pareja de rematrimonio que vivía con los dos hijos de él y con los dos hijos de ella, y tenían expectativas que no eran claras y además no las hablaban entre ellos, nos muestran el ejemplo de una pareja que no maneja bien la distancia a la que quieren funcionar y la cercanía les da miedo. Si están juntos sienten que se ahogan y si se dan distancia ella siente poca confianza con lo que trata de atraparlo nuevamente con lo que él se siente ahogado. La inseguridad de ella la hace aparecer como celosa, posesiva y controladora.

En algún momento, en que se separaron por trabajo, María Antonieta escribió (transcribo sus cartas con el consentimiento de ella):

"Mi amor, no hay duda de que a veces hay que prescindir de algo para poder valorarlo. Hablo de ti, de tu compañía, de tu ternura, de tu apoyo. Tenemos que luchar durísimo para que nuestra pareja esté no sólo igual sino mejor que antes. Porque antes no nos conocíamos bien ni estábamos bien parados en la realidad. Ahora, después del desencanto de la vida familiar que nos ha tocado vivir (cuando empezaron a vivir juntos), las cosas son mucho más realistas, las expectativas podrían ser menores y en consecuencia las frustraciones también podrían ser menores.

"Tenemos que hacer un esfuerzo por entender al otro, por dejarlo ser, pero al mismo tiempo estando juntos, ayudándonos con cariño a vivir esta vida. (En teoría suena bien, pero a esta pareja le fue imposible llevarlo a la práctica.)

"Ha sido necesario para nosotros tener diferentes distancias (estaban extremadamente pegados o terriblemente distantes) pero los extremos no son los mejores, y quizás ahora empecemos a entender en qué acercamiento/distancia nos sabemos mover mejor y ser felices."

Lamentablemente, hasta después de separados aprendieron a tener la distancia adecuada. En un momento dado, ella hizo un viaje de trabajo.

"...En términos generales no me gustó viajar sin ti, que es diferente a viajar sola. No disfruté como lo habría disfrutado contigo. Ni siquiera me interesaba. Creo que debemos hablar y llegar a un arreglo que nos guste a ambos."

Ellos hablaron mucho, pero la lucha por el poder no les permitió seguir: ella quería que vivieran con sus reglas, que al entender de él no eran parejas y no las aceptaba. Ella quería poder viajar sola cuando ella así lo decidiera pero que él no hiciera lo mismo, porque se sentía insegura; entonces nunca hubo infidelidades por parte de ninguno, pero esa fantasía, deseo y temor, siempre estuvieron en la mente de María Antonieta. Se amaban, pero también tenían mucho miedo de la entrega y sabotearon la relación.

Muchas veces se necesita una separación para valorar lo que uno tiene y está a punto de perder. María Antonieta seguía escribiendo:

"Debemos entender que somos amigos, no rivales; que juntos podemos ser felices si nos bajamos del 'ring', de la lucha por el poder y de la competencia. Cómo quisiera volver a esa intimidad que tuvimos antes, a esa entrega sin límites. No es fácil, nada fácil por todo lo que hemos pasado (se habían lastimado verbalmente en sus discusiones donde ninguno daba su brazo a torcer, ninguno cedía; era una lucha por el poder), pero no puede ser que lo externo a nosotros nos afecte y destruya nuestra relación. (Uno busca pretextos externos para no ver que son los problemas internos de cada uno lo que los obstaculiza). Te quiero cuidar y consentir y quiero que me cuides y que me ames toda la vida..."

Depende del grado de daño que ya se hayan hecho; de la capacidad personal de perdonar, el amor que se tengan y el resentimiento que exista, para conocer el desenlace. Cuando uno de los integrantes tiene una personalidad narcisista, es muy difícil que acepte sus errores y tiene una gran coraza defensiva que le dificulta hacer cambios con los cuales se vive desprotegido. Y éstas eran las características de María Antonieta.

Por eso, conocernos a nosotros mismos nos permite tener una mejor relación de pareja, quiero decir: tratar de entender y aceptar nuestras cualidades y también nuestros errores y no querer siempre echar la culpa al otro para justificar nuestra conducta; ésta es la única manera de crecer individualmente.

En esta etapa de subirse al carrusel con los dos pies pueden presentarse muchas situaciones diferentes:

El rematrimonio de Santiago, 48 años, hombre divorciado cuyos hijos no viven con él; unos porque viven con la madre, otros porque están en edad universitaria y viven por su cuenta. Este hombre se casa con Rita, de 35 años, que no tiene hijos ni le interesa tenerlos; ellos se dedican a cultivar una relación de pareja con sus espacios, sus proyectos, acompañándose mutuamente. Pueden tener un perro mientras llegan los nietos. Están adaptados a sus expectativas.

Un caso similar es el de Pablo, un hombre de 49 años, casado con Teresa, de 28 años, quien nunca ha tenido hijos pero desea tenerlos, lo cual planteará una situación más complicada. Si el hombre o la mujer ya tuvieron hijos y no quieren tener más, están en todo su derecho. Procrear un hijo sólo para complacer a la pareja o porque cree que es la única forma de conservarla (si ella es más joven), llevará a que el niño tenga "abuelo" en vez de papá; tendrán que estar muy conscientes de lo que hacen y por qué; si no, el resenti-miento de lo que "tuve que hacer por ti", "por darte gusto", tiene un precio y pudiera acabar con la relación de la pareja.

Por otro lado, si una persona joven quiere un hijo y escoge a una pareja que ya tuvo hijos y no quiere otro, que ya pasó su etapa de maternidad o paternidad, deberá preguntarse: ¿por qué hace esa elección de pareja tan complicada?

Soltarse de las experiencias anteriores es muy importante para no contaminar la nueva relación. Bernardo tenía ganas de hacerle el amor a su esposa, pero ella se sentía acosada porque en su relación anterior el marido la atacaba (así lo sentía ella) sexualmente cuando estaba tomado y no era nada sutil.

Bernardo me decía: "¿cómo puede sentir acoso sexual de mi parte? Si me gusta mi mujer, su cabello cayendo sobre su piel dorada, sus piernas, sus senos, sus manos, sus ojos, su boca, su risa..."

"Ella siente acoso por sus experiencias anteriores; pero, ¿qué es de ella?, ¿qué es mío? ¿Me sentirá brusco?

"No quiero que se sienta agredida; ¿debo limitar mis expresiones, para que no sienta que la acoso? ¿Debo limitar que me guste tanto?..."

Es importante darle a la mujer la oportunidad de desear el momento, para que así descubra a la mujer sensual que lleva dentro, no que la inhiba por acoso. Es posible ayudarle permitiéndole, por ejemplo, estar desnudos sin que esto implique una relación sexual; que puedan acariciarse sin que forzosamente acaben haciendo el amor; escribiéndole cartas amorosas y sensuales y que ella lo pueda hacer también; permitiéndole expresar sus fantasías sexuales sin que esto sea visto como una pérdida de su honorabilidad.

Hay que luchar contra la tradición de que la buena cama no te la da la esposa sino la amante. Cuando no se hablan estos problemas, surgen los malos entendidos. En el caso anterior, Bernardo se sentía rechazado y esto lo ponía triste, deprimido, enojado; decía "no quiero problemas con ella, quiero tener una buena relación de pareja".

❖

La distancia a la que quiere funcionar una pareja, es decir su grado de intimidad –qué tan cerca o lejos se permiten estar– es diferente en cada caso. Luis es muy cariñoso y Anabel tiene más dificultad para manifestar sus afectos; ella piensa que él es terco, necio, empalagoso, invasivo, poco respetuoso, y siente (piensa) que también ese exceso de dulzura que él muestra pudiera hacerlo por agresividad, ya que a ella, lejos de agradarle, le molesta. Y ante el rechazo constante de parte de ella, los dos se meten en un círculo vicioso sin salida donde los resentimientos aumentan y complican el cuadro cada vez más.

❖

Al pensar en el rematrimonio, los cónyuges deben hacerse muchas preguntas y poner las respuestas sobre la mesa para platicarlas; algunas de ellas son:

1. ¿Van a vivir en casa de él, de ella, en un espacio neutral –una nueva casa– para la pareja? ¿Vivirá cada quien en su casa?
2. Situación económica. ¿Cómo se aporta? ¿Quién, los dos? ¿Qué cosas paga cada cual? ¿Cada quien en su casa se hace cargo de los gastos correspondientes?

   La mujer que, cuando entra al rematrimonio, ha sido independiente y autosuficiente, ya no quiere ser la esposa que cose o que pega botones; de igual forma, el marido no quiere ser el único proveedor que mantenga la casa. Este es un tema importante del que es necesario hablar.
3. Menú. Hasta el menú cambia cuando viven juntos. ¿Qué reacciones tiene cada uno? ¿Cómo se maneja? ¿Tienen costumbres diferentes para los horarios? ¿Comen siempre en la mesa del comedor? ¿Es permitido hacerlo en el cuarto de televisión?, ¿cuándo? ¿A quién sí se le permite y a quién no?
4. Vacaciones. ¿Qué se vale? ¿Todos juntos? ¿Sólo la pareja?, ¿el padre y sus hijos?, ¿la madre y sus hijos? ¿Coinciden en fechas? Si no, ¿cada quién con sus hijos? ¿O sólo la pareja viaja?
5. Reacciones del ex cónyuge: desde lo civilizado hasta la locura paranoide perseguidora. ¿Cómo manejarlo?

Desprenderse del pasado implica hacerlo también del ex cónyuge. Hay parejas que se separan de una manera más sana y pueden tener conversaciones "respecto a los hijos" cuando sea necesario, según la edad de los chicos. A mayor edad, habrá menor contacto telefónico con el ex esposo.

Aquellos con una precaria salud mental tratarán de usar el tema de "los hijos" como pretexto para hablar con la ex mujer. No debemos caer en esa trampa porque después será difícil sacarlo nuevamente de su vida, lo que puede dañar la nueva relación de pareja, para satisfacción del ex cónyuge. Sacarlo de la vida de la pareja o no darle entrada a esa relación, depende totalmente del cónyuge involucrado; el nuevo esposo no debe intervenir porque eso no da resultado. Ella debe ser la encargada de limitar las llamadas, consciente de que el otro está usando los hijos como pretexto.

6. La consanguinidad es fuerte. ¿La relación con los hijos o con alguno de ellos obstaculiza o "mete ruido" en la pareja? Muchas relaciones de rematrimonio acaban muy mal, a causa de los hijos. Más adelante abordaremos con detalle este tema.

Cuando hablamos de tener otra alternativa en nuestra vida, de vivir la relación de pareja del rematrimonio "con los dos pies en el carrusel", con la confianza, el amor y la fidelidad que proporcione otra calidad a nuestra existencia, pensamos que es fácil, pero se necesita tener un nivel de desarrollo y de autoconsciencia importante, así como encontrar una persona en similares circunstancias.

Como vimos antes, es posible tener la alternativa de vivir en pareja en dos casas, es decir en dos espacios: tu casa y mi casa; ambas serán "nuestras casas".

Tú vives en tu casa con tus hijos, tus mascotas, tus empleados, tu mantenimiento, tu gasto y tus costumbres.

Al mismo tiempo, yo en mi casa tengo lo equivalente. Pero también conforme avanzamos en la confianza y el entendimiento me gustaría que tú participaras en la decoración de mi casa, y emitieras opiniones que antes sólo estaban reservadas para mí o mis hijos, porque quiero que te sientas en esta casa, no de visita; ésta es nuestra casa aunque no vivamos todo el tiempo juntos.

Es difícil porque no estamos acostumbrados; sin embargo, podemos lograr que en mi casa yo me sienta libre y también te sienta partícipe de todo, al mismo tiempo que tú te sientas totalmente "en tu casa", y es repetado lo que percibas que es importante para mí y no me gustaría que lo cambiaras.

Hay que estar conscientes de que las costumbres son diferentes, aceptar que las cosas son como son; por ejemplo, la educación de los hijos; si me agrada tener a los amigos de los hijos todo el tiempo en la casa y si quiero tener perro; si quiero que ella se encargue de la casa, y es lo que ella menos quiere hacer. Esta aceptación, o al menos comunicación de las expectativas, implica poder vivir a gusto sin tanto conflicto. No es una aparente aceptación o "aguantarse, porque al cabo no es mi casa", sino una manifestación de respeto, cariño y de la realidad de la vida con esa pareja que escogimos.

> Subirse al carrusel con los dos pies nos introduce a un campo nuevo de experiencias muy distintas en cada pareja e inesperadas para otras.

René es un hombre divorciado de 40 años, cuyos hijos viven con la madre biológica; él se casó en rematrimonio con Virginia, una mujer soltera de 29 años, sin hijos. Ambos acordaron y aceptaron que no tendrían hijos.

Al paso de tres años ella se pone en contacto con su hermana menor que está embarazada y decide acompañarla cuando va a tener su bebé. Esto mueve en ella aspectos maternales; olvidar el trato con su pareja y darse cuenta de que desea tener hijos. Entonces habla con él para tratar de cambiar las reglas originales en que fundamentaron su unión. René siente una gran angustia porque ama a su mujer y quisiera que tuviera la oportunidad de la maternidad, pero por otro lado él no quiere tener un hijo a estas alturas. Al sentirse presionado por las reacciones de Virginia, se enoja pensando que ella está rompiendo las reglas originales y puede llevarlo a una situación forzada en la cual se sentiría como proveedor de espermatozoides para tener un hijo de "madre soltera" pues él no se involucraría con el bebé más que como "tío" o como "abuelo". Y si además lo presiona para que sea un "buen padre", existe el riesgo de otro divorcio, al haberse cambiado la cimentación básica del comienzo de este matrimonio.

Muchas personas al estar solas se preguntan: ¿será conveniente estar casados o sólo vivir juntos sin los trámites del matrimonio, en caso de querer tener otra pareja?

Cuando viven juntos se pueden sentir pareja y pasarla bien; pero es difícil saber qué sentirían si estuvieran casados, ya que son situaciones diferentes y dependerán de cómo lo tome la pareja. Para algunos, usar el apellido del esposo es parte de la aceptación de la nueva relación; para otras que siempre han usado el apellido de solteras en el ámbito profesional, realmente no tiene mucho significado. Poder decir esta es mi casa, *vs.* estamos en casa de él, a algunas mujeres les da la seguridad, más aún cuando en las luchas del divorcio fueron sacadas de su casa por el ex marido.

Al no haberse casado, parecería que es más difícil tener el sentimiento de pertenencia en el buen sentido, pero mucho dependerá de la pareja, hay parejas que no estando casados, viven en diferentes casas y mantienen una fabulosa relación de pareja con compromiso.

Firmar un acta de matrimonio da legitimidad a la relación ante los hijos, la familia y la sociedad. Así, algunas mujeres, cuando no han firmado, se quejan de no ser tratadas como la "Señora de Pérez"; o sienten que no tienen "el mismo lugar" porque no son la esposa, sino la mujer con quien ese señor vive. Para los hijos y la familia es diferente tratar y hablar de la mujer con quien su papá vive que con la nueva esposa de éste. Aunque para el padre puede ser lo mismo mientras tenga una relación de compromiso, no importando si tiene papeles o no.

## Contaminación por la relación anterior

En una pareja de rematrimonio, ella decide darle una sorpresa a su marido y manda retapizar la sala con dinero de su propio ingreso. Cuando el marido llega y ve que no están los muebles en la sala, tiene una reacción exagerada; en vez de preguntar con asombro: "¿dónde está la sala?", empezó a gritar y a insultarla por tomar decisiones sin consultarlo. Cuando se calmó, pudieron deducir que él había sido desvalijado en su matrimonio anterior...

❖

En el rematrimonio, sería conveniente no casarse con la idea romántica de que el matrimonio es para siempre. Ambos deberían pensar que estarán juntos mientras la relación funcione adecuadamente y sea gratificante para los integrantes de la pareja; y esto también es aplicable para los matrimonios de primera vuelta. No quiero decir que al primer problema deben pensar que la relación no funciona. En la vida siempre hay conflictos, lo importante es la manera que tiene la pareja o el individuo para resolverlos.

Hablo de cuando se hicieron todos los esfuerzos por salvar la relación y ésta se hunde, convirtiéndose en una manera denigrante de vivir, en la que el ser humano pierde su dignidad. Entonces sí se debe pensar en la separación.

Afortunadamente, la edad para casarse cada vez es mayor, tanto para el hombre como para la mujer, lo que podría darles la oportunidad de saber escoger una mejor pareja. Aunque esto no ocurre automáticamente, ya que cuando se presenta el enamoramiento, ya sea a los 20 o a los 40 años, creemos que la persona elegida reúne todos los maravillosos atributos que deseamos que tenga. Realmente nos casamos con la fantasía de lo que creemos que la otra persona es.

El rematrimonio es juntar dos vidas ¡tan diferentes...!

En la relación de pareja, la mujer no debe abandonarse a la función de madre solamente porque entonces el esposo quedará fuera de su interés y empezará a buscar ocupaciones distintas.

La mujer no debe dedicarse exclusivamente a sus hijos pensando que el esposo ya no la necesita porque lo deja fuera, libre, se puede sentir abandonado, solo. Es como cuando el esposo se dedica al trabajo de una manera total, descuidando a la familia o a la esposa.

El amor a los hijos debe ser un complemento, no un sustituto del amor a la pareja. Esto sería importante que lo supieran los recién casados o los jóvenes que inician su vida en pareja, que les ayudara a balancear el tiempo y a obtener una gratificación de todas las actividades.

El esposo espera que los hijos crezcan para recuperar a su pareja, mientras ella espera que los hijos crezcan para salir a trabajar y sentirse realizada de manera diferente a sólo ser mamá.....

¿Dónde quedó la pareja? En este libro trato de llamar la atención a cuidar muchos aspectos que están a nuestro alcance y así podremos tener una relación de pareja satisfactoria donde nos sintamos libres para SER, donde haya amor; donde parezca que somos novios, una relación en la que exista respeto y compromiso. Sentirse en libertad es muy importante para ser felices y por supuesto saberla usar adecuadamente, ésa es nuestra responsabilidad. Vivir en una pareja que nos haga sentir vivos, con entusiasmo.

Recuerdo un médico que al salir de su consultorio y dirigirse a su casa en uno de los suburbios más bellos de la ciudad, me comentaba que no quería llegar a su casa porque le esperaban tensiones, caras largas y conflicto con su pareja, por cualquier tema que se les ocurriera. No debemos vivir así. Lamentablemente, muchas parejas parece que se han acostumbrado a vivir de ese modo, por que el miedo al rompimiento es muy grande.

Cuando estudiamos el rematrimonio, expertos y no expertos nos damos cuenta de que nos falta vocabulario suficiente para nombrar las nuevas relaciones contraídas. Y no tenemos buenos modelos papeles o ejemplos por seguir.

❖

Para los niños, la estructura de la familia del rematrimonio es confusa: ¿quién pertenece a ella y quién no?

En el rematrimonio, uno puede elegir si tendrá una relación cercana o no con los parientes de la nueva pareja. Podemos elegir tener una relación cordial pero distante.

Por ejemplo, enfrentamos ciertos problemas durante actividades como graduaciones o bodas, donde se supone que pueden asistir los progenitores con las parejas respectivas, si las hay. Aquí nos encontramos con una prueba de salud mental.

Conozco un caso: cuando se graduó un hijo de Ema, quien guarda una relación de rematrimonio con Luis, éste no pudo asistir porque el ex era un enfermo mental y se ponía como "loco furioso" en las fiestas, emborrachándose y agrediendo a los participantes, en especial esa nueva pareja.

Para los hijos, es muy molesto tener un padre con tan poco control y tan enfermo. Individuos así obstaculizan la buena relación familiar que podrían tener en actos de esa naturaleza. Por otro lado, cuando se graduaron los hijos de Luis, él asistió, con Ema, y se encontró con su propia ex y su nueva pareja, e incluso en la última graduación compartieron mesa para cenar.

Recuerda Luis que al principio había cierta tensión, pero que con los minutos se relajaban, o contaban chistes... Por supuesto, la relación no pasa de ser cordial y verse sólo en esos "eventos familiares". Aquí, los hijos se sienten contentos de tener padres desarrollados, educados y más sanos mentalmente.

Cuando se entra en el rematrimonio, hay varios cambios. Uno de ellos es el nuevo álbum familiar: el del rematrimonio tendrá fotografías de la nueva pareja, de los respectivos hijos y de “extraños”, que podrían ser los parientes, de cada uno de los integrantes de la pareja. Aquí encontraremos a la tía Beti, a los primos Federico, Antón, Jordi, Armando, Francisco y Juan Manuel, a las primas Aranza, Beatriz, Juli, Georgina, Lizzette, Ximena, Pilar... También podemos encontrar las fotos de los primos de Aguaprieta, Sonora. Ahora son “nuevos primos y primas”, en este nuevo grupo familiar.

Aunque el grupo cercano familiar lo forman tu pareja y tú, los hijos, estos “nuevos integrantes” constituyen el grupo familiar más extendido.

Pero ¿qué tipo de relación guardan contigo? Aquí es donde nos faltan palabras para describir las nuevas relaciones.

✻ ❖ ✻ ❖

Una familia de rematrimonio quería tomarse la fotografía familiar, la de la nueva pareja y sus hijos. Él tenía una hija que vivía en Cancún con la madre y venía a visitarlos dos veces al año. ¿La esperamos para la placa familiar? Claro, ella también forma parte de la nueva familia de rematrimonio.

Cecilia, una adolescente encantadora y brillante cuyo padre se va a vivir fuera del país con la nueva esposa, lleva una relación excelente con Aarón, el nuevo esposo de la mamá, y ahora siente que podría acercarse más todavía a él, pues coinciden en ciertos intereses. Pero empieza a sentir conflictos de lealtad, como si querer a Aarón fuera no querer a papá. Esto se fue contaminado porque el padre, inseguro y primitivo en su desarrollo, le hablaba mal de Aarón, celoso de su inmejorable relación con él.

Ella no estaba consciente del hecho y empezó a actuar con indiferencia, hasta ser grosera y descortés con Aarón. Por fin entendió que no era la conducta deseaba ni la que él merecía, sino que la manipulaba su enfermo padre. Tras cobrar conciencia, la chica ahorallevaba una buena relación con el padre cuando lo veía y también se permitía la buena relación con el padrastro. Ella la disfrutaba y aprendía muchas cosas que Aarón le compartía.

Los adolescentes deben estar muy conscientes para no adaptar las conductas que corresponden a los conflictos no resueltos de los padres. Deben ser libres para tener la relación deseada con la nueva pareja de papá o de mamá.

## El espacio vital

Insistiré varias veces que en la pareja es importante tener un espacio vital: donde uno pueda ser y dejar ser al otro.

Hay un espacio vital que cada uno necesita para funcionar y aunque muchas veces no se pone en palabras, no por eso deja de existir. Para el correcto entendimiento de esta parte, se necesita la confianza, el respeto y el amor por la pareja.

Había una pareja en la cual ella se enojaba mucho porque él quería jugar tenis. Él jugaba con su cuñado en una cancha de la misma privada donde vivía. Andrea lo agredía y trataba de que él no se fuera a jugar. En las ocasiones en que él dejaba de hacerlo para complacerla, se sentía enojado con ella, pensando: "¿qué tiene de malo que yo juegue tenis en mi casa y con mi cuñado? No lo puedo aceptar". Y seguía jugando. Esto significaría poder SER.

Obviamente, intentó hacerla ver lo inadecuado de su petición y en una terapia de pareja descubrió que Andrea se enojaba porque al verlo jugar tenis, ella se confrontaba con que no tenía deporte ni *hobbie* alguno. Entonces, por envidia, en vez de buscarse un ejercicio para obtener satisfacción, trataba de destruir el que su esposo tenía.

Después, Andrea se consiguió un deporte pero no lo hacía porque le diera satisfacción, sino como desquite con el marido; obviamente, esto no funcionó y esta pareja llegó al divorcio, el cual por venir cargando toda esta agresión y coraje no se dio en los mejores términos. Ellos no eran conscientes de todo lo que les pasaba, y se divorciaron en una situación de guerra.

Qué importante es poder vivir acompañado por la pareja, sin sentir que nos invade el espacio o que nos estorba; mucho menos sentirnos atropellados por ella.

Ojalá pudiéramos llegar a establecer en el rematrimonio una relación de pareja donde pareciera que se pierden los límites, porque se sienten tan cercanos uno del otro, tan a gusto, con tanta confianza entre ellos, que pareciera que se conocen de siempre; como si fueran uno solo pero siempre conscientes de que tú eres tú y yo soy yo.

❖

Al entrar en el rematrimonio tenemos que aprovechar la experiencia que nos dio el primer matrimonio, o los demás en caso de haber varios; tenemos que aprovechar la experiencia de los buenos y de los malos momentos. Asimilemos lo positivo, aprendamos de los errores y soltemos el pasado para poder entrar de lleno a nuestro presente y disfrutarlo.

Es imposible modificar lo que ya sucedió, pero sí podemos modificar los efectos de lo sucedido.

En un libro de Dale Carnegie leí lo siguiente: “llegó el maestro a dar su clase y llevaba una botella de leche que colocó al borde de una tarja. De repente, tiró la botella y la leche se fue por el desagüe; entonces dijo: no lloremos nunca por la leche derramada”.

“Acérquense a la tarja porque quiero que recuerden esta lección toda su vida. Esa leche ha desaparecido, se ha ido por el desagüe y no podemos hacer nada para recuperarla. Hay que olvidarla y pasar a lo que sigue”.

Esto nos enseña a no derramar la leche siempre que podamos evitarlo, pero a olvidarla por completo si llega a derramarse y se va por el desagüe.

Lo pasado ya pasó.

# 7
# Rematrimonio

En nuestro conocimiento del divorcio siempre quedan grietas, lagunas, aspectos que no entendemos. Este libro intenta ayudar a tener más consciencia de lo que nos pasa.

El divorcio es una experiencia dura, que puede marcarnos para toda la vida. Aunque esta marca podría ser positiva, generalmente es negativa. Pero uno puede hacerla positiva si la trabaja y la resuelve emocionalmente.

Cuando hablamos del divorcio como una experiencia positiva, lo hacemos con el mismo enfoque que utilizan algunos autores cuando afirman que cierto estrés durante la infancia puede promover el crecimiento, ayudarnos a manejar los eventos amenazantes que se nos presentan y ayudarnos a darle un uso más efectivo a los soportes sociales como familia, vecinos, maestros y compañeros de la escuela que ayudan cuando ocurre el divorcio y, por ejemplo, la mamá no puede recoger a los hijos porque ahora trabaja.

Después de habernos divorciado, si dejamos pasar un tiempo antes de volver a casarnos, ese tiempo nos dará la oportunidad de conocernos más, si somos capaces de usar esos momentos de introspección para tratar de resolver los asuntos pendientes con la ex pareja y nuestros asuntos personales. Debemos preguntarnos y analizar: ¿Por qué nos casamos? ¿En qué momento específico de nuestra vida estábamos? ¿Por qué se acabó? ¿Cuál fue la finalidad de esa relación? ¿Para que me sirvió? ¿Por qué la necesité? ¿Por qué toleré tantas situaciones antes de divorciarme? ¿Qué necesitaba aprender?

Entrar en otra relación antes de saber quiénes somos o qué queremos nos ocasionará problemas, además de que contaminaremos a la nueva pareja con los conflictos no resueltos, atribuyéndole los que en realidad no tiene (o bien, ella puede contaminarnos a nosotros). El pronóstico no es muy bueno. El resultado será "otro fracaso" u otro difícil intento por conocernos, tanto a la pareja como a nosotros mismos.

Al convivir en una relación cercana, íntima, la otra persona nos conoce cada vez más y nosotros a ella. Cuando el otro nos conoce mejor, nos muestra cómo somos, así como nosotros a la pareja. En otras palabras, la pareja nos sirve como espejo para conocernos a nosotros mismos. Entonces, tenemos la posibilidad de aprovechar, si escuchamos con buena disposición, lo que nos señala de nuestra forma de ser. Pero también podemos molestarnos porque nos dice cosas que no queremos oír de nosotros mismos, porque aunque fueran ciertas no estamos preparados para enfrentarlas.

A pesar del gran número de familias de rematrimonio que hay, éstas son mal vistas por algún sector de la sociedad. Las percepciones negativas son fomentadas por ciertos mitos, como los relativos a las madrastras.

Las familias biológicas y las de rematrimonio difieren en sus normas internas, más esto no significa que haya una patología en las segundas.

Expertos afirman que, de acuerdo con la investigación clínica, la familia de rematrimonio acostumbra tener menos cohesión y más problemas y estrés que las de primer matrimonio. Yo no estaría tan de acuerdo: encontramos familias de primer matrimonio llenas de situaciones estresantes y de conflictos, que acaban engrosando las estadísticas de divorcio. No obstante, en las familias de rematrimonio sí hay menos cohesión, sobre todo en la relación padres-hijos, caracterizada por mayor facilidad para llegar a ser más negativa, distante y poco cariñosa. Por supuesto, hay excepciones en los dos tipos de familias.

Para varios autores, en el rematrimonio suceden más problemas cuando hay hijos adolescentes del matrimonio anterior. Éste es el tema que abordo en mi proyecto de doctorado: saber si los hijos adolescentes aumentan el porcentaje de divorcio en los rematrimonios.

Los investigadores y los terapeutas familiares dicen que las familias de rematrimonio son menos cohesivas, más distantes en sus relaciones más flexibles en sus respuestas al cambio, y que no tienen claros los papeles de sus miembros.

Aunque todavía falta comprobar si esto afecta la relación padre-hijo en el curso del rematrimonio, las relaciones padre-hijo y padrastro-hijo son más lejanas, negativas y conflictivas en el rematrimonio que en las familias de primer matrimonio.

Esas diferencias se ven más en la relación padrastro-hijo que en la de padres biológicos. Las diferencias de género también importan, y se ha visto que las relaciones padrastros-hijas son las más conflictivas y negativas cuando se trata de preadolescentes o adolescentes.

Según cierta hipótesis, en la primera etapa del rematrimonio los conflictos padrastro-hija obedecen a que la presencia de éste rompe el vínculo de la hija con la madre.

Conforme a mi experiencia clínica, los problemas de ese tipo persisten a lo largo de los años de rematrimonio y deben ser trabajados por sus integrantes, haciéndolos conscientes. De otra manera, la relación de pareja puede modificarse gravemente.

Sin embargo, en las etapas posteriores del rematrimonio, las relaciones cercanas entre los miembros de la familia facilitan el buen vínculo padre-hijo.

❖

Como hemos mencionado, al entrar en un segundo matrimonio las expectativas que tenemos son iguales a las de nuestro primer matrimonio porque no conocemos otra experiencia. Y si entráramos en un tercer matrimonio, sabríamos que nuestras expectativas son diferentes.

Cuando uno entra en un segundo matrimonio, entra con desventajas:

Por las experiencias anteriores uno tiene temor a la entrega, a la intimidad, se siente inseguridad, vulnerabilidad, desconfianza. Uno debe conocer, reconocer y manejar sus reacciones al sentirse abandonado (coraje, resentimiento); debe poder discernir qué corresponde al pasado y qué corresponde al presente, con su nueva pareja.

Corremos el peligro de cargar la nueva relación con expectativas que no corresponden y, con tal de borrar "el fracaso anterior" podemos pretender formar una familia inmediatamente como por arte de magia. Esto no sucede; cada persona tiene diferentes costumbres, educaciones y experiencias de la relación anterior que hacen que cada caso sea distinto.

Uno puede casarse por segunda vez con alguien que estaría entrando en su primer matrimonio, o una persona mayor con otra que es más joven; o alguien que ya tiene hijos y no pretende tener más con alguien que quiere tener hijos; todo esto influirá en el desenlace de la relación.

Tenemos expectativas conscientes que podemos hablar y otras que no hablamos; también tenemos expectativas inconscientes.

Es diferente si hay hijos presentes; o si solamente los hay de un lado, o de los dos. Cuando hay hijos de un solo lado, el nuevo cónyuge que llega a esa casa parece un extraño llegando a una familia para sustituir al que ya no está; parece que entra en un territorio enemigo y: "tú no me mandas; tú no eres mi papá/mamá". No es una situación fácil.

En otro nivel, los niños pequeños dirán: "¡qué padre tener una familia otra vez!"; mientras que la hija adolescente puede pensar que la presencia del nuevo cónyuge entorpece sus fantasías de que sus padres vuelvan a casarse. Esta fantasía es frecuente entre los adolescentes y, si la analizamos, veremos que es bastante egoísta porque generalmente piensan: "no me importa que mis padres se odien, se destruyan o no sean felices; lo que yo quiero es mi familia completa otra vez, y eso es lo que importa".

Como el lector podrá ver, en el rematrimonio se inicia un largo proceso del que eventualmente surgirá una "familia" con características muy particulares.

❖

Cuando el ex se casa nuevamente, a la ex esposa se le mueve el tapete, porque se pregunta si eso implicará cambios en el cariño y atención a sus hijos o si modificará los convenios financieros, con los consiguientes recortes de presupuesto.

Raquel me decía que su hijo temía pedir dinero al padre para unos tenis que necesitaba en el colegio. El muchacho sentía muy presionado al padre, porque iba a llevar a Dysneylandia a la nueva esposa con sus dos hijos pequeños.

Sientes coraje, miedo, celos y alivio cuando el ex se casa nuevamente. Según de quién inició el divorcio, esos sentimientos se matizan también.

Si tenías alguna fantasía oculta, a veces muy oculta, de volver con tu ex, cuando éste se casa nuevamente tu fantasía se derrumba: esto también matiza tus sentimientos.

¿Cómo se reacciona al rematrimonio del ex? Depende de varios factores:

Cuán pronto sucede; quién sea el dejado y quién el dejador; cuán satisfecho estás en tu nueva situación; si tienes o no pareja; las reacciones de los niños; si el ex se había revolucionado con la nueva pareja antes que se separaran.

Si te sientes bien en tu nueva vida, si te gusta tu trabajo, si encontraste una nueva pareja, te sentirás incómodo un rato y todo volverá pronto a la normalidad.

Si eres quien se fue, el hecho de que tu ex se case aliviará tu culpa.

Si el ex aparenta tener una gran vida, o si tiene nuevos hijos, sentiras gran enojo, coraje.

Roberto y Paulina se han divorciado. En cuanto ella se casa con Pedro, Roberto imagina y alucina que seguro ya andaba con él desde antes. No acepta razones que lo hagan cambiar de parecer: si él lo creía, entonces era la verdad. Decía que sólo esperaba el momento de decir a sus hijos: "El tipo de madre que tienen corresponde a una..."

Sentía que ella lo había engañado y abusado de él, y su coraje era muy grande. Ella decía la verdad: conoció a Pedro después de separarse, y no habían tenido relación anterior. Pero Roberto pensaba lo que necesitaba: "Era imposible que me dejara, si yo era tan valioso".

No quería confrontarse con su patología personal, que en este caso consistía en una personalidad narcisista* y alcoholismo.

Cuando hablamos de subirnos al carrusel con los dos pies, significa entregarnos totalmente habiendo resuelto los problemas anteriores, tanto personales como de la relación pasada, para poder meterse de lleno a esta nueva relación, con "los dos pies arriba del carrusel" –¿sin miedo? Por supuesto, al principio da miedo y eso es esperado, debemos estar conscientes de ello y poco a poco ir ven-

*El hombre o la mujer con patología narcisista desprecían a los demás y les cuesta mucho trabajo establecer relaciones sinceras y profundas. Les resulta difícil tener insight, o sea, ser conscientes de sus características. Muchas veces, aun si están conscientes de sus expectativas narcisistas, no quieren cambiarlas. Se creen perfectos y culpan a los demás de lo que no funciona.

ciéndolo, conforme vamos adquiriendo confianza en la nueva relación.

Al entrar a la familia de rematrimonio no existe el sentimiento de pertenencia, de compartir una historia, una identidad. La historia se empieza a escribir; por eso es importante tomar fotos y tenerlas expuestas en la casa, formar un álbum nuevo.

❖

Se acabó la pareja. Viene luego una crisis por esa pérdida, de la cual te recuperas únicamente por medio de una reestructuración de la vida, para lo que necesitas crear una nueva identidad.

El rematrimonio de uno de los ex produce gran tensión, sobre todo si no ha "soltado" la relación anterior. Esto es común porque muchos hombres se casan al año o a los dos de divorciados, generalmente con una mujer más joven, algo que a la ex esposa ocasiona tensión.

Esta situación se agrava por el comportamiento de los ex maridos, que puede ir desde una ligera descomposición de la relación hasta conductas francamente paranoides o psicóticas con la ex mujer, según la salud mental de los personajes.

Esta nueva unión de rematrimonio no debe amenazar a los hijos en relación al padre, madre o abuelos biológicos; ellos irán aprendiendo que pueden tener todo pero que no conviene mezclarlo.

Nosotros vamos a ayudar a los hijos a aceptar que la familia original es parte del pasado, no es nuestro presente; ésa ya se acabó. Nosotros seguimos siendo su padre o su madre pero no somos la familia original, ésa ya no existe. Debemos ayudarlos a enfrentar la realidad del divorcio; si somos firmes, ese dilema no matizará su vida para siempre. Quiero ser muy enfático en este punto.

Algunos chicos son especialmente hábiles para ocasionar conflictos dentro de la nueva relación, muchas veces no se dan cuenta de que hacen esto manipulados por el ex cónyuge para tratar de provocar la ruptura de la nueva pareja. Esto se complica cuando se conjunta con la fantasía del joven o del niño de que sus padres pueden volver a estar juntos y de ser así, él o ella tendrán su familia nuevamente.

La pareja es lo primero. Quiero decir que si le damos importancia a cuidar a nuestra pareja, resistiremos más fácilmente los embates de los hijos y del ex cónyuge para destruir la nueva relación.

Las crisis de los hijos según la etapa que estén viviendo, y según la edad que tengan, seguirán pasando. Un hijo adolescente nos podrá decir "ya no me quieres", pero si lo dice cuando estamos en el ajuste del rematrimonio, dudaremos. ¿Qué corresponde a su adolescencia? ¿Qué tiene que ver con que se siente desplazado en esta relación de pareja nueva? ¿Qué tanto es un intento de él para llamar la atención o para separar a la nueva pareja? Fácilmente nos podemos sentir culpables y si los hijos se dan cuenta, pueden empezar a manipularnos de esa manera.

❖

Una familia de rematrimonio es diferente a la familia original. No es superior ni inferior. Sólo es diferente.

Antes, la gente pensaba que la familia biparental (donde conviven padre y madre) era la buena, la deseable, la sana, y que la familia divorciada era la negativa, enferma, mala; ahora sabemos que tanto una como la otra pueden ser funcionales o disfuncionales.

## ¿Son diferentes la familia original y la de rematrimonio? ¿Cómo afecta a los hijos?

Algunas diferencias de la familia original con la del rematrimonio pueden ser: la original tiene una identidad clara, mientras que la del rematrimonio no tiene límites ni identidad definidos, no se sabe quién es familia y quién no es, y todo puede ser asunto de interpretación.

En un estudio realizado por la Universidad de Pennsylvania se pedía a los niños miembros de familias de rematrimonio que hicieran una lista de los miembros de su familia: 31% de los niños no enlistó a la nueva pareja de su progenitor, aunque vivieran juntos como familia; 41% de los niños no incluyó a los hijos de la nueva pareja del progenitor; y 15% de los papás no incluyeron a los hijos del nuevo cónyuge aunque vivieran con ellos. Esta confusión no sólo se da en la familia de rematrimonio recién formada sino que persiste con el tiempo y peor aún si los hijos de la nueva pareja no viven con ella o viven sólo parcialmente.

Otra diferencia está en los papeles: ¿es la nueva pareja padre o madre? ¿Tiene autoridad sobre los hijos de su pareja o no? ¿Puede involucrarse en la educación o no?

La familia original opera autónomamente mientras que la del rematrimonio no se puede dar ese lujo. Por ejemplo, para coordinar las vacaciones tienen que tomar en cuenta si los niños viven o no en la casa y también considerar al padre biológico para que los planes sean compatibles.

Las relaciones en la familia de rematrimonio son más complejas: los niños tienen "dos papás, dos mamás, ocho abuelos; numerosos hermanos, tíos, primos" y unos viven en la casa todo el tiempo y otros sólo algunos días.

En la familia de rematrimonio se necesita más espacio psicológico para que los niños se muevan sin conflicto de lealtad. Es decir, que se sientan libres de querer al nuevo esposo de mamá sin sentir que con eso traicionan al padre biológico (o viceversa). Que no sean involucrados en los conflictos de los padres.

Las parejas que entran al rematrimonio creen que se ajustarán o se adaptarán rápidamente como una nueva familia; pero no sucede así. Se necesitan dos años, más o menos, para ese período de ajuste.

El rematrimonio de uno de los padres produce una época de crisis para los hijos, sobre todo cuando se trata del padre con quien viven. Una vez más, en su corta existencia, la vida de los niños se llena de eventos nuevos que provocan un gran impacto en su mundo y que están fuera de su poder de decisión.

Nuevamente vemos el futuro como algo desconocido, lo que genera ansiedad y muchas preguntas: ¿Qué se sentirá vivir con la nueva pareja de papá o mamá? ¿Mi papá o mamá tendrá tiempo para mí? ¿Todavía desayunaremos juntos los domingos? ¿Encajaré en esta familia? ¿Tendré que compartir mi recámara con los otros niños? ¿Nos tendremos que cambiar a su casa? ¿Tendré que dejar mi escuela y a mis amigos? ¿Qué se sentirá tener una hermana mayor, si yo siempre fui el mayor? ¿Mi papá o mamá querrán más a los otros niños que a mí? ¿Y qué tal si tienen un nuevo bebé? ¿Sería su bebé y a mí ya no me querrán igual? ¿Seguiré viendo a mis abuelos? ¿Será desleal con mi papá o mamá ser amable y cariñoso con... (la nueva pareja)?

Algunos niños funcionaban como confidentes de su papá o de su mamá cuando éstos eran solteros o hasta habían ocupado roles de adultos acompañantes; con el rematrimonio, pueden sentir alivio de esa carga, pero podrían también sentirse traicionados y desplazados, o en el mejor de los casos, podrían simplemente volver a su rol de niños otra vez.

Cuando el padre entra al rematrimonio, el chico siente que ahora tiene que compartir el tiempo, la atención, y el cariño que el padre antes le daba solamente a él. Como ya hemos visto, muchos hijos tienen todavía la fantasía de que sus papás divorciados pudieran volver a a juntarse; el rematrimonio acaba con esa fantasía, por lo que algunos niños se comportan de manera indiferente o hasta groseros, tratando de hacer que el "intruso" se aleje.

Al mismo tiempo que los padres están emocionados con su nuevo rematrimonio, algunos jóvenes se sienten solos, tristes, ambivalentes y enojados. Un estudio realizado en la Universidad de Princeton revela que el rematrimonio de los padres produce más problemas emocionales en los hijos que la separación de sus padres.

Los problemas más comunes que aparecen en los niños al momento del rematrimonio son: aislamiento, peleas, inquietud, infelicidad, mala concentración, abuso de drogas y de alcohol. Afortunadamente, con un buen manejo, estos problemas no duran mucho tiempo.

Otra situación difícil de manejar son los ajustes necesarios en una familia con dos grupos diferentes de niños. Estos grupos pueden ser diferentes en muchos aspectos: desde cómo educan a los niños, cómo es educada la mascota, cómo se obtiene y cómo se gasta el dinero. Tienen diferentes hábitos y costumbres para comer: unos prefieren una comida formal (todos juntos en la mesa), otros una comida informal en el cuarto de la TV; unos prefieren la comida tradicional y sencilla mientras que a otros les gustan los productos importados y de *gourmet*.

Unos tienen su vida planeada, otros hacen planes de último momento. Unos son pulcros y ordenados, los otros sucios, descuidados y desordenados.

Unos hacen las cosas por ellos mismos, se levantan por un refresco, los otros no se mueven, quieren que todo se los hagan –molestan y demandan todo el tiempo.

Unos sólo compran ropa cara de marca, mientras que los otros hacen sus compras en tiendas de descuento.

Unos hacen quehaceres para aumentar sus ingresos, otros reciben una mensualidad alta y no esperan hacer una tarea a cambio.

Unos prefieren estudiar en un clima de tranquilidad y silencio; a otros les gusta tener siempre un desfile de amigos y escuchar música fuerte.

Un padre puede ser estricto y el otro laxo.

Las reglas del vivir cotidiano que alguna vez fueron tan automáticas, ahora deben tenerse muy conscientes para revisarlas y negociarlas cada vez que sea necesario.

Después de un breve período de luna de miel, lo común es que en las primeras etapas del rematrimonio aparezca el caos, la tensión y la confusión. Parece una etapa interminable donde nada sale bien y los participantes se preguntan si al casarse nuevamente hicieron lo correcto o si deberían de regresar a su etapa de soltería postdivorcio donde “todos estos problemas innecesarios no existían”.

Parecería que cuando existe un solo grupo de niños, el ajuste sería más fácil para el nuevo esposo; pero generalmente no es así, ya que el papá o mamá soltero y sus hijos, al atravesar la adversidad juntos se han convertido en un "equipo cerrado" donde el nuevo cónyuge siente que sería más fácil penetrar una fortaleza que entrar en el grupo. Todo irá bien mientras el nuevo esposo se adapte a las reglas no escritas de ese grupo y "no haga olas", aunque esto implique sentirse "como si fuera una visita", donde se supone que debería sentirse en su casa.

Peor aún es que el padre o madre con sus hijos en grupo no perciben esto; todo les parece normal y no entienden por qué el nuevo hace tanto escándalo y es tan delicado.

El nuevo observa que la pareja y sus hijos comparten un ambiente cariñoso donde él o ella no participa, se siente relegado, frustrado en sus intentos, solo, celoso. Piensa que algo malo pasa con él. "Tan bien que estaba solo."

## Situaciones que retrasan el buen ajuste de las familias de rematrimonio

Para que la familia de rematrimonio funcione la pareja debe buscar un proceso de mezcla, que lleva tiempo, paciencia, negociación y compromiso.

Este proceso va acompañado de conflicto porque mientras el "nuevo" sólo busca promover cambios, el padre biológico se divide para satisfacer las necesidades de la nueva pareja y de los hijos.

Iniciar una nueva familia no es fácil. La sociedad no ofrece modelos o reglas a seguir para transitar este camino con más seguridad, o al menos con más consciencia de los retos a los que se enfrentará la pareja.

Algunas situaciones que retrasan o bloquean el buen ajuste en las familias de rematrimonio:

**1. Intentar reemplazar al padre ausente**

Con la idea de rápidamente crear la familia perfecta, muchas parejas de rematrimonio fallan en ver lo que para el chico es obvio: un padre es un padre para siempre y no puede ser reemplazado. Aunque a veces los ex esposos están muy ausentes y uno caería más fácilmente en la tentación de querer remplazarlos. Pero el chico, abierta o encubiertamente, permanece leal al padre biológico y opone resistencia al "intruso" que quiere ocupar el lugar del padre ausente.

Algunos chicos se aíslan, otros muestran culpa y conflictos de lealtad, otros se tornan hostiles y rebeldes. El resultado es que se demora el proceso de unión entre el chico y la nueva pareja, que es lo opuesto a lo que se intentaba en primer lugar.

Al tratar de reemplazar al padre ausente, muchas parejas hacen que los chicos les digan "papá o mamá" a la nueva pareja. Otras veces establecen una competencia con el padre biológico, donde tratan de demostrar que es mejor esposo y padre. Se convierten en "superpapás o supermamás", excelentes en todo. Los chicos muestran resistencia en vez de gratitud. No les gusta ver a sus padres biológicos perdiendo en una competencia en la que están ausentes y entonces se muestran leales a ellos y resistentes a la nueva pareja. Nuevamente se obtiene lo opuesto a lo deseado.

¿Cómo manejar estos sentimientos de competencia? Permitiendo que el padre biológico brille en su área y que la nueva pareja brille en la suya...

Otro intento para reemplazar al padre ausente es substituyéndolo en alguno de los rituales que hacía con los niños. Por ejemplo: leerles un cuento al acostarlos, comprar una pizza después de un juego de futbol, preparar el desayuno el sábado. Participar en estas actividades parece inofensivo y la nueva pareja es animada a hacerlo por la esposa/o. Los chicos no responden bien a esto porque lo sienten intrusivo en los espacios que tenían con su padre o madre.

Lo que se recomienda es desarrollar nuevos rituales en que puedan relacionarse y que puedan ser compartidos con el chico y la nueva pareja.

**2. Crear un falso sentimiento de unión familiar**

Con la idea de tener una familia rápidamente ajustada al rematrimonio, muchas parejas tratan de forzar este falso sentimiento de unión familiar y vivir como si estuvieran unidos.

Los chicos se resisten, se enojan, se sienten presionados a algo ridículo que no sienten como real. Unos se rebelan abiertamente, otros se retiran y no participan. Entre más presionan los "padres" a los chicos a unirse rápidamente a esta "fantasía de familia feliz", ellos más se resisten. Entre más se resisten los chicos, los "padres" se sienten inseguros y aumentan la demanda. En vez de tener la anhelada unión familiar se provocan conflictos. Mientras más grandes son los hijos, más problemas surgen.

La unión familiar debe surgir sola, no se puede obligar, y su desarrollo lleva tiempo; para fomentarlo hay que conceder con enorme paciencia, pero vale la pena hacerlo.

**3. Tratar de forzar el acoplamiento o la mezcla**

Esta mezcla o acoplamiento de los integrantes es un proceso que como dije antes, lleva tiempo. Con las ganas de tener la familia instantáneamente, los padres intentan forzar el proceso de mezcla. Ellos deciden cómo funcionará "la familia" y lo imponen a los hijos. O puede ser que la nueva pareja fuerce la situación imponiendo las reglas de aquí para adelante. Entre mayores sean los hijos más fácilmente habrá problemas.

Es conveniente, por lo mismo, darle tiempo al tiempo y no forzar las cosas.

Comentaré el caso de Elena y Roberto. Cada quién tiene tres hijos y decidieron vivir juntos. Roberto piensa que los hijos de Elena son indisciplinados, no tienen límites y necesitan mano dura. Ella piensa que los de Roberto necesitan más afecto pues son aislados y poco demostrativos.

Él hace una lista de las reglas que existirán en la casa, ellos las siguen pero están resentidos con él, con sus hijos y con su mamá "por traicionarlos".

Ella hace arreglos en la casa organiza de manera diferente la cocina, les cambia los alimentos, la decoración. Ellos la sienten intrusiva; y lo peor, los abraza constantemente: "no entendemos qué le pasa". Así vemos que, aunque bien intencionada, la conducta es un momento difícil en que los chicos están muy a la defensiva y no aceptan fácilmente las cosas nuevas, los cambios, aunque fueran bien intencionados y útiles para ellos.

**4. Cambiar dramáticamente la relación padre-hijo**

Tener una buena relación con el padre le ayuda a los hijos a manejar el estrés del rematrimonio, pero si esta relación cambia abruptamente con el rematrimonio, entonces el chico se quedará sin ayuda para manejar las situaciones difíciles. Generalmente se enojan y se muestran resentidos. Entonces se ajustan pobremente a la nueva familia. Generalmente el nuevo esposo es rechazado.

Cuando la nueva pareja se empeña en que su nueva relación funcione de lo mejor, forma una liga muy cercana y apretada con su pareja y los niños se sienten abandonados y resentidos, extrañando la relación que tenían cuando el padre estaba soltero.

También cuando los padres quieren una "madre" para sus hijos y rápidamente le dan ese rol a su nueva pareja, los niños lo resienten y responden con indiferencia o con hostilidad. Si su padre los presiona a aceptar a su nueva "mamá" esto sólo empeorará las cosas.

Lo más importante es procurar mantener una relación estrecha con los hijos, especialmente en los momentos difíciles (sí, es difícil).

### 5. Asumir la autoridad demasiado pronto

Ésta es la causa más frecuente de problemas en las familias de rematrimonio.

La disciplina es un tema candente, particularmente con los nuevos esposos varones, porque antes del matrimonio muchos de ellos tratan de causarle una buena impresión a los hijos de la pareja y son permisivos. Sin embargo, después intentan asumir el rol de figura de autoridad, y muchas madres los animan a hacerlo.

Para los jóvenes, sin embargo el "nuevo esposo" es todavía un huésped, una visita en la casa y perciben los intentos de disciplina como fuera de lugar. "Tú no eres mi papá y no tienes derecho a decirme lo que tengo que hacer."

Entre mayores son los chicos, más problemas hay en esta área. La situación se empeora si el estilo de disciplinar del nuevo esposo es diferente al de la madre; los chicos, además de pensar que la disciplina del nuevo esposo está fuera de lugar, pensarán que él es injusto, exagerado y que ellos no están acostumbrados a eso.

Cuando una madre respalda a su nueva pareja, los chicos se sienten traicionados y entran en conflicto con ambos. Pero eso es lo que ella debe hacer delante de los hijos. Si hubiera desacuerdos entre la pareja, los adultos deberán hablarlos y negociarlos a solas.

Sucede a veces que la madre, que al principio animaba a la pareja en la disciplina, luego lo siente muy estricto y por abajo del agua sabotea los límites, lo cual no es una muy buena manera de comenzar un rematrimonio, formando así una coalición con los hijos. Por ejemplo, se "le olvida" la hora de mandarlos a acostar, o supervisar la hora de llegada. Cuando los niños perciben esto (y ellos lo perciben fácilmente) ignoran al "nuevo" y a sus reglas.

Tratar de imponer la disciplina sin una relación previa, sólo lleva al desastre. Los jóvenes actúan su agresión en la casa y en la escuela. Muchas veces este tipo de conflicto dura muchos años en las familias de rematrimonio.

En ocasiones los nuevos esposos se sienten frustrados, inadecuados y se retraen a la pasividad. Muchos rematrimonios no logran salir avante de este remolino.

Es importante que el niño desarrolle una relación con la nueva pareja antes de que se inicie la disciplina; sólo así ésta será aceptada.

**6. Presentar resistencia a la integración de la nueva familia**

Algunas familias, como vimos, presionan demasiado pronto para intentar integrarse, pero hay otras que, por el contrario, no hacen esfuerzos para lograrlo.

Esto sucede en parte porque las parejas todavía no están preparadas para el rematrimonio y también por la creencia ingenua de que la nueva familia se formará por sí sola, sin trabajo y sin esfuerzo.

Muchas veces cuando se presenta esta resistencia a integrarse como familia es porque el padre o la madre se resiste a establecer un vínculo de pareja fuerte y le cuesta trabajo soltar el vínculo que tiene con los hijos para iniciar uno con su nueva pareja.

En algunos casos los padres sienten mucha culpa, como si al relacionarse con su pareja fueran a abandonar a los hijos; incluso, los ven desprotegidos por el divorcio y sufren. Valdría la pena en estos casos que revisaran, en su historia personal, situaciones en las cuales ellos, los padres, se sintieron desprotegidos y por eso al proyectarlo en los hijos (verlo reflejado en ellos) les afecta tanto.

Si no existe esta unión de pareja conformada como equipo, como jefes, como líderes de la familia, se corre el riesgo de que se formen subgrupos basados en las antiguas ligas familiares y en este caso, la identidad de una nueva familia nunca se desarrollará.

Cuando conviven "mis hijos" y "tus hijos" en "la familia" de rematrimonio, pueden vivir mucho tiempo bajo un mismo techo como dos familias separadas, como dos equipos diferentes, sin lograr sentirse como un "solo grupo familiar". Entonces aparecen los conflictos de lealtad, como si aceptar a la nueva familia implicara reemplazar a la original. En realidad, la familia original ya no existe y la nueva es diferente; nunca es como la anterior; esta es otra, es una familia nueva de rematrimonio con características específicas y propias.

Cuando en el rematrimonio sólo hay un grupo de niños, el nuevo esposo ocupa al principio un lugar secundario y los niños continúan ocupando el lugar central. Los niños tratan continuamente de excluir "al intruso" del círculo familiar más íntimo.

Es recomendable que la nueva pareja se asuma primero como equipo de jefes capaces de conducir a buen término a la familia de rematrimonio (y por supuesto, no significa hacerlo de manera autoritaria).

### 7. Tratar de excluir al padre biológico de la vida de los hijos

En sus intentos de funcionar rápidamente como familia original, muchas parejas piensan que sería adecuado y más fácil si el padre biológico o ex esposo se mantuviera fuera del cuadro. Sería un deseo entendible que solucionaría horarios, salidas de fin de semana, vacaciones, etcétera. Y además evitaría el molesto contacto con el ex cónyuge.

Entonces les dicen a los niños "ésta es tu familia ahora, es todo lo que tú necesitas" y crean enormes conflictos de lealtad en los jóvenes.

Los niños necesitan de ambos padres y sufren psicológicamente si uno de ellos no está presente o accesible. Les produce gran estrés, inseguridad, enojo y altera sus relaciones interpersonales y de pareja futura. El hecho de que los niños vean al padre biológico de ninguna manera implica que éste entre a la casa de la madre o vea a los niños dentro de la casa donde ellos viven con la madre.

**8. Negar la existencia de problemas y conflictos**

Las familias de rematrimonio se sienten vulnerables por el colapso de su primer matrimonio y tienden a enterrar los problemas o conflictos que aparecen.

La familia necesita hablarlos, enfrentarlos, para poder solucionarlos.

Cada día veo más parejas de rematrimonio que consultan por situaciones que antes se negaban a ver hasta que los problemas explotaban y muchas veces ya era muy poco lo que se podía hacer, debido a la acumulación de resentimientos. Ahora consultan antes de iniciar su vida de rematrimonio y eso les da más posibilidades de éxito al estar conscientes de las áreas de probable conflicto.

Vemos que no es fácil, que es importante conocer nuestras expectativas; saber qué podemos esperar y qué no.

Nuestras expectativas no realistas acabarán en frustraciones. En la práctica escucho decir con frecuencia "si hubiéramos sabido esto antes..."

No hay una manera simple o "correcta" de enfrentar los problemas; cada pareja, cada familia irá encontrando su propio estilo para solucionarlos.

## Estrategias para un mejor manejo del rematrimonio

Comentaré algunas estrategias que recomienda la doctora Clapp y que pueden servir para que las cosas salgan mejor en el rematrimonio.

**1. La buena comunicación**

Hay temas que deben ser discutidos para lograr un mejor resultado:

a) Expectativas. Haz una lista de las expectativas que tienes de tu matrimonio y del papel que juegas y que te gustaría que jugara tu pareja. Coméntenlas entre ustedes y vean si son compatibles o si se pueden negociar.

b) Problemas prácticos. ¿Cómo manejarán las finanzas, la disciplina, a los ex esposos; qué problemas creen que surgirán? No crean que los problemas desaparecerán por sí solos.

c) Sentimientos. Cómo manejar el miedo, la culpa, el coraje, el resentimiento y los celos, sentimientos comunes en las familias de rematrimonio. Son sentimientos naturales, no te avergüences por tenerlos y no los escondas. Empatiza con los sentimientos de tu pareja, por ejemplo: "no sabía que te sentías así, ¡que difícil!" Entre más sepamos de los sentimientos del otro, más fácil será trabajar en las soluciones como equipo. Normalmente no mostramos nuestros sentimientos fácilmente porque nos sentimos vulnerables.

d) Las preocupaciones de los niños. Los niños deben participar en las discusiones de los asuntos de la familia; así tendrán la oportunidad de expresar sus dudas, temores o expectativas en relación con la nueva situación. Es necesario tener una comunicación abierta; queremos que sientan que es su nueva familia y que esto no los amenace. Conviene tener juntas familiares cada vez que sea necesario, para ventilar la problemática que se va presentando.

También es conveniente empezar por las expectativas que cada uno tiene sobre la nueva familia y sobre los diferentes roles de cada integrante. Por ejemplo, un chico puede pensar que la familia seguirá igual y que la nueva esposa se adaptará de alguna forma; otro asume que con la presencia de la nueva esposa se creará automáticamente la relación familiar que tanto añoraba. Otro más, pensará que el nuevo esposo seguirá siendo su "cuatachón" mientras que este nuevo esposo cree que ahora como cabeza de familia asumirá un rol disciplinario. Otro chico estará contento, pues ya tendrá "papá" como tienen sus compañeros, y tal vez este nuevo esposo no quiere tener un rol paterno.

Cada situación traerá muchos problemas si no se ventila, se abre, se discute, se negocia y se modifica de forma realista. Muchas veces es muy útil salir a tomar un café o a comer con la nueva pareja y alguno de los chicos propios o del compañero con quien se están presentando fricciones, para aclarar las cosas.

2. **Plantear metas familiares realistas**

Esto sirve para que todos trabajen como equipo en el logro de esas metas. La pareja es la "parte ejecutiva" de la familia: formula ideas, planes para todos y luego, dependiendo de las edades, integra o invita a que se integren los demás miembros de la familia.

Para planear metas realistas, se recomienda tener en mente lo siguiente:

El tiempo de ajuste para que las familias de rematrimonio se sientan cómodamente unidas e integradas varía de dos años, cuando los niños son pequeños, a cinco años cuando hay jóvenes adoles-centes. Durante los dos primeros años normalmente existe tensión, y si creen que podrán sentirse como "en familia" probablemente se frustrarán y se desilusionarán pronto.

Un factor que predomina es la edad de los hijos. Entre más grandes son (adolescentes mayores) más resistenten a la nueva familia y más tiempo necesitan para ajustarse. Hay que darles su espacio, invitarlos a participar, pero no forzarlos. Los preescolares son los que menos dificultades presentan. Para los niños mayores de 10 años la nueva pareja puede tener un rol similar al del padre biológico al verse envuelto en establecer límites y en las funciones de proveedor. Entre más grandes son los chicos, más se les debe permitir participar en los asuntos familiares y así sentirán que ésta es su familia.

Los adolescentes enfrentan conflictos de lealtad al entrar en la familia de rematrimonio. Además, mientras ellos naturalmente quieren irse soltando de las ligas familiares, la pareja parental quiere que los miembros de la familia se comprometan en ella. Es mejor darle espacio a los adolescentes, que demandarles una estrecha participación en la familia. Sin este espacio siempre habrá fricción en la casa. El asunto más delicado es la disciplina aplicada por el nuevo o la nueva pareja. Los adolescentes siempre necesitan reglas y límites y es recomendable que sea el padre o la madre biológicos el que los aplique y no la nueva pareja.

Dar su espacio a los adolescentes o disminuir la demanda para su participación en la familia no implica que se les permita tratar al esposo de su mamá como proveedor de alimentos, o a la esposa del padre como ama de llaves, sino que debe haber un respeto hacia ellos. Al paso del tiempo se pueden crear grandes amistades entre el nuevo esposo o esposa y los chicos, que pueden perdurar por toda la vida; en algunos casos a pesar de que el padre biológico haga todos sus esfuerzos por destruirla. Algunas veces estas amistades persisten aunque la pareja de rematrimonio se separe.

El trabajo de adaptación puede ser más difícil para las niñas que para los niños, quizás porque son más cercanas a su madre soltera y por lo tanto resienten más la aparición del nuevo esposo. También se sienten amenazadas por la aparición de la pareja de papá porque muchas veces en la casa del papá soltero han sido elevadas al status de “mujer de la casa”.

El papel de nueva esposa de papá es más difícil que el de la pareja de mamá, porque se espera que la mujer sea la encargada del cuidado de la casa y de los hijos y existe el viejo estereotipo de la madrastra tan injustamente tratada en los cuentos de hadas. Ellas tienen más éxito cuando avanzan poco a poco en su papel y cuando mantienen intereses fuera de la familia que les ayudan a mantener su autoestima en un buen nivel.

3. **Construir una relación de pareja fuerte**
Esto es la clave esencial para obtener el éxito en la familia del rematrimonio. Además, ayuda a mantener a la familia unida y evita que se divida en los dos grupos originales. Algunas personas creen que formar equipo con su pareja es una traición a sus hijos, pero es todo lo contrario porque al hacerlo se les ofrece la posibilidad de una familia fuerte en vez de otro divorcio. La pareja debe encontrar tiempo para estar sola y platicar asuntos del matrimonio y también tiempo para su diversión. El reto es encontrar el equilibrio entre satisfacer las necesidades de la pareja y las necesidades de los hijos. La pareja guía a la familia a lo largo del proceso de integración de los dos grupos, proporciona límites y reglas a los niños y los acompaña en su proceso de crecimiento.

4. **No forzar las situaciones**
Darle tiempo al tiempo, tratar de que los niños no tengan tantos cambios en sus vidas. Conservar el mayor número de rutinas que se pueda. Mantener la disciplina y las reglas. Negociar los privilegios cuando hay cambios de posición, como por ejemplo que el menor ya no es el menor de la nueva familia, el hijo único ya tiene hermanos, etcétera.

No forzar la relación con los hijos de la pareja, ir muy despacio, darles la distancia que necesitan, ser positivos con ellos, no interpretar su conducta negativa como asunto personal; aceptarlos y respetarlos. Ellos también deberán tener una conducta respetuosa y cortés con la nueva pareja. Lo que más los angustia es perder la relación con su padre o con su madre, hay que darles la seguridad de que son muy queridos aun cuando el padre se encuentre en esta nueva relación y esté muy contento.

5. **Mantenerse en su papel: no tratar de reemplazar al padre ausente**
Además del papel parental, o en vez de él, uno puede ser un amigo adulto, un confidente, un consejero, un modelo a seguir, una persona que da apoyo, "un tío o tía, un hermano o hermana mayor", alguien neutral que amortigua los conflictos en la casa. Hay que entender que cualquiera de estos papeles toma tiempo para consumarse.

Siempre hay que ser uno mismo, y no competir con el padre ausente. Aun cuando se quisiera asumir un rol paterno, por favor sea "otro" padre y no trate de remplazar al ausente.

6. **Cada quien maneja la disciplina con sus hijos**
La disciplina es un punto que debe discutirse entre los esposos; cuanto antes, mejor. Se deben apoyar en ésta área, trabajando con un frente común. Lo ideal es invitar a los hijos a discutir las nuevas reglas propuestas por el "equipo parental"; esto funciona mejor que sólo tratar de imponérselas, pero queda claro que si no se llegara a un acuerdo, las decisiones serían tomadas por la pareja.

Durante el primer año, uno debe tratar de fortalecer la relación con los hijos de la pareja, absteniéndose de regañarlos o de llamarles la atención y dejándole esa tarea al padre correspondiente. Si se llegara a quedar con los hijos de la pareja porque ella saliera de viaje, el padre correspondiente debe decirles quién está a cargo de la disciplina y de las reglas; decirles qué se espera de ellos y cuáles serían las consecuencias de que no siguieran las reglas. Los adolescentes necesitan reglas y límites claros.

7. **Construir una identidad familiar**

Una de las tareas más importantes de los dos primeros años del rematrimonio es el tratar de desarrollar una especie de identidad familiar.

Al vivir juntos con un nuevo estilo de vida logrado de mutuo acuerdo, surge el sentimiento de pertenencia, que nos habla de la verdadera mezcla de dos contingentes y no de que uno engulló al otro.

Los chicos generalmente asumen que su estilo de vida es el mejor y es con el único que quieren continuar; hay que enseñarles que no es uno mejor y otro peor sino que sólo son estilos diferentes y de ambos se pueden beneficiar.

Es bueno tener algunos rituales o tradiciones familiares, ayuda a lograr la identidad familiar. Por ejemplo, salir juntos a andar en bicicleta o de día de campo, rentar una película para verla todos juntos, celebrar los cumpleaños de alguna manera especial o nueva. También ayuda construir la historia familiar, como celebrar el aniversario del rematrimonio, hacer un álbum de fotos o tener expuestas en la casa fotos de diferentes actividades de la nueva familia.

8. **Que los niños mantengan la relación con el padre biológico externo**

Cuando se protege esa relación, los niños se sienten con mayor confianza para entregarse en la relación de rematrimonio porque no les amenaza ni les crea conflictos de lealtad.

Permita que los niños vayan libremente de una casa a la otra.

Cuando el ex cónyuge no suelta la relación que ya se acabó y persiste en la actitud de adversario, recuerde que se necesitan dos para pelear. Aprenda a contestar de manera neutral y no se deje atrapar por comprar un pleito. Limite sus contactos con su ex pareja. Suéltese, eso es el pasado aunque su ex pareja esté "loco" y le dificulte la separación (los paranoides siempre dan mucha lata).

Había un paranoide que quería que su ex mujer volviera con él, a pesar de todas las trampas y mentiras que habían caracterizado su relación con ella. Por supuesto, ella no quería tener nada que ver con este sujeto y él, enojado y prepotente, le dijo: "voy hacer que me tengas presente en tu vida siempre". ¡Imagínese!, que lo "tenga ¡siempre presente en su vida!", ¡que horror!, ¡qué postura tan narcisista!, tan egocéntrica e inmadura. ¡Suéltese! Jamás se arrepentirá. Una postura narcisista como ésa esconde una gran devaluación y una pobre autoestima.

Me gusta cómo la doctora Constance Ahrons nos habla de las diversas posibilidades de relación entre los ex esposos.

Señala que algunos pueden ser "colegas cooperadores-socios perfectos": ya divorciados, pueden tener una relación en la cual discutan asuntos sin llegar al enojo ni a la violencia. Sus sentimientos les permiten cooperar entre sí para ciertos temas, como ser más flexibles con los horarios de los niños. Éstos pasan días o noches en casa de cada uno de los papás, sin problemas. Ahrons indica que son como amigos: están interesados uno en el otro y se llaman por teléfono para preguntarse como están. Se tienen confianza y hasta se piden consejo.

Aquí, yo opinaría que cuanto más separados estén, mejor. Cita casos de ex esposos que no se han separado totalmente. Pienso que tras varios años de divorciados, en los que no ha existido relación, salvo la indispensable por causa de los hijos, los ex esposos pueden cooperar en asuntos que tienen que ver con los hijos.

Conviene tener una relación cordial cuando sea necesaria, pero si cada quien hace su vida sin saber que el otro existe, mucho mejor: eso sí es lograr la separación adecuada. Esa relación "amigable" podría ocurrir en ciertos casos. Pero cuando el vínculo que se terminó era con un sujeto paranoide, lo mejor es poner tierra de por medio, ya que cualquier oportunidad de cercanía será manipulada por él para su ventaja, causando estragos nuevamente a la ex esposa y a los hijos.

Para llevar una relación positiva con el ex, hay que aprender a separar los asuntos de los hijos de los personales; es decir, apartar las funciones paternales de las del matrimonio que tuvieron, pero ya se acabó. Siguen siendo padres de los hijos, pero ya no son esposos, ni pareja.

Otras categorías de las que habla Constance Ahrons serían "socios enojados-enemigos furiosos": Éstos se muestran enojados cada vez que hablan por asuntos relativos a los hijos. Su coraje contamina cualquier intento de arreglo, por lo que todo se torna más difícil. Hay poca flexibilidad para realizar cambios, lo cual produce angustia en los chicos, pues siempre hay discusiones, como antes del divorcio. Es decir, sigue el conflicto, no acaban de "soltarse", siguen afectados.

Por último, tenemos "los enemigos furiosos": rara vez interactúan y, cuando lo hacen, terminan siempre en pelea. Sus divorcios generalmente son del tipo necesario y continúan las batallas legales muchos años después del divorcio. No hay posibilidad de cambio en los arreglos relacionados con los niños. Los "enemigos furiosos" jamás recuerdan algún buen momento de su matrimonio sólo las cosas negativas, y hasta las exageran.

Mientras escribía este libro, pensaba "qué difícil es lograr un buen rematrimonio". Por eso creo que es muy importante estar conscientes de que las expectativas que tenemos al entrar en el rematrimonio deben ser diferentes de las que uno tiene al casarse por vez primera. No es una situación simple porque hay muchos factores mezclados del presente y del pasado interactuando. Se necesita mucho amor, confianza en el cónyuge, lealtad, y capacidad de compromiso, para vivir la vida con una calidad diferente en esta nueva oportunidad. También tenemos la oportunidad de enseñarles a nuestros hijos una relación diferente llena de amor, respeto y libertad.

A veces podemos sentir que la oscuridad se apodera de nosotros mismos, pero recuerde que gracias a la oscuridad podemos mirar las estrellas.

# 8
# Los hijos o la pareja

## El hijo bomba

Ahora nos referiremos a la situación que pueden vivir las personas después del divorcio, cuando los hijos viven con alguno de los padres, y visitan al otro algunos fines de semana. Esta situación puede ser delicada, porque puede ocurrir que el hijo resulte como una bomba. ¿Qué significa esto?

Cuando el hijo visita al padre que no tiene la custodia, es decir con el que no vive, y regresa a casa donde vive con su padre o madre, llega con alguna información que su progenitor le insertó y que suelta, independientemente de que se percate o no de ello. Esta información tiene el efecto de un veneno explosivo que logrará que los de casa se estremezcan de coraje.

Vemos frecuentemente esta situación en las parejas donde todavía no sueltan la relación anterior y siguen peleando, intentan hacerse presentes enviando mensajes con el chico o tratan de destruir la relación recién formada, que les da envidia. Entonces usan a los niños dentro del pleito. La mujer les prohibe que salgan con su papá, si va "la otra"; o si es la mamá quien sale con otro, el papá les dice: "pórtense groseros, no le hagan caso al tipo ése, y no dejen que los regañe; al cabo, no es su papá". Eso será recompensado por el padre cuando los niños le relatan los pormenores de la salida. Hay casos en que los niños inventan lo que sucedió sólo por darle gusto al padre, diciéndole que trataron mal al "nuevo" aunque en la realidad ellos hayan sido muy corteses e inclusive cariñosos con "el otro".

Los hijos juegan también un papel importante porque muchas veces toman partido con quien creen que tiene la razón o con quien se sienten más seguros, económica o afectivamente. Se sienten abandonados porque los padres están en pleito y ocupados con sus propios problemas y pueden ser muy chantajistas y manipuladores.

Si alguno de los padres ya divorciado y vuelto a casar se ve involucrado nuevamente en un divorcio, al quedarse otra vez solo volteará a ver al padre o madre biológico de sus hijos; y si éste se haya felizmente casado por segunda vez, le despertará envidia. Entonces intentará hacerse presente y sabotear ese rematrimonio usando a los hijos. Esto lo hace moviendo la culpa en los hijos, enseñándoles que está solo o sola mientras que ellos la pasan bien con la nueva pareja del padre o la madre.

Los hijos, consciente o inconscientemente, pueden transmitir esto a la familia feliz con una mala actitud, como diciendo: "mientras mi papá/mamá no sea feliz, nosotros tampoco podemos serlo" y pueden ser especialmente destructivos, poniendo malas caras, volviéndose difíciles, "sangrones". Las actividades que antes compartían de buena gana, ahora les molestan; o las ridiculizan; no aceptan salir con el padre o la madre y su pareja como antes lo hacían.

A veces el padre/madre destructor está saliendo nuevamente con alguna nueva pareja pero no se lo comunica a los hijos para poder seguir actuando su papel de mártir.

Los hijos deben saber que esa etapa depresiva que (en su caso) viviera el padre o la madre, ahora sin pareja, es muy sana para él o ella, porque le permite reflexionar y analizar su situación, y que ellos no deben cargar la responsabilidad por la felicidad de su padre o madre. Y menos tratar de sabotear la felicidad de la pareja que vive tranquilamente.

❖

Como dije, los adolescentes deben estar muy conscientes para evitar las conductas que corresponden a los conflictos no resueltos de los padres. Deben ser libres para establecer la relación que prefieran con la nueva pareja de papá o de mamá.

Los padres hacen mucho daño a los hijos cuando los toman como cómplices para sus celos infundados o para su patología paranoide o psicótica, según el caso.

Cuando esto pasa, la madre es la indicada para aclararles la situación, ayudándolos a tener conciencia de lo que ocurre. Si es el caso, puede enviar a la hija a que analice con un terapeuta, ajeno a la familia y por tanto más objetivo, la situación del padre. De este modo, dejará de ser la herramienta enferma que el padre usa para destruir a la nueva pareja. Tomar consciencia la protegerá para que no active las partes siniestras y psicóticas del padre.

Julio es un adolescente que se sintió muy amenazado con el rematrimonio de su madre con Bernardo. Si en cualquier familia el nacimiento de un hermano produce gran tensión, a él la presencia del nuevo esposo causaba gran tensión y lo amenazaba hacerle perder terreno en el corazón de mamá.

Fue necesario aclararle que el lugar que ocupaba como hijo no estaba amenazado, ya que Bernardo no era hijo. Y que el lugar de la nueva pareja de mamá no podía ser ocupado por él.

Cada cual tenía su lugar. Se le aseguró que era querido; pero tampoco se le permitirían faltas de respeto hacia Bernardo. La mamá le subrayó que ella y el papá estaban divorciados por decisión propia, y que nunca iban a volver; aunque Bernardo desapareciera del mapa, ella jamás regresaría con su ex.

Esta claridad en la comunicación facilita las cosas pues frena de tajo las fantasías del chico. Sin embargo, les diré que, en mi experiencia, tendrán que hacer estovarias veces, ya que los chicos lo intentarán nuevamente.

He acuñado el término Terapia SOC para este tipo de intervención (SOC = sensibilización objetiva contundente). Es la intervención clara, directa y contundente, sin miramientos. Otros enfoques más ligeros permiten que el chico manipule la culpa de los padres. No podemos permitirlo, porque es destructiva y ajena a la realidad: la realidad es que este rematrimonio existe, y el chico tiene que aceptarlos, pues no depende de él, él no es el rematrimoniado ni dejó de ser hijo por eso. No resulta fácil la terapia, pero funciona muy bien y todos viven más felices y tranquilos cuando se maneja con claridad lo que sucede.

❖

El hijo bomba aparece cuando los padres lo usan para fastidiar al otro. ¡Cuidado con utilizar a los hijos! Ya sea que los padres se den cuenta o no de que lo están haciendo, deben saber que esto les ocasiona a los hijos serios trastornos, porque los hace partícipes de provocarle un daño a un ser al que quieren, utilizados por otro ser al que también quieren. ¡Vaya conflicto de lealtad en el que los colocan!

> Por ejemplo, Gabriel, para molestar a Rebeca, la madre de sus hijos, que además tiene la custodia de los mismos, no le da permiso a la hija de 10 años de salir de vacaciones con la familia de una amiga de la escuela, que es ampliamente conocida por ellos, como si dijera "para que veas que yo soy el importante, el que tiene el poder. Yo no estoy viviendo con ustedes pero todavía tienen que hacer lo que yo diga". Es tal su inseguridad, que necesita probarlo de esa manera; a la hija le dice "no quiero que te vayas de vacaciones porque yo te quiero ver mucho tiempo este verano".
>
> O bien, le dice: "haz lo que quieras pero yo estaría muy contento si te veo más tiempo". En realidad, Gabriel logró su cometido, sintió que "le ganó" a Rebeca; a la niña realmente no la vio más tiempo, pero la dejó sin vacacionar con la amiguita. Él no estaba interesado en pasar más tiempo con la hija; lo que quería era molestar a la madre.

Otro caso común en que los padres utilizan a los hijos para mandarse mensajes es cuando después del divorcio, y de haber salido con varios pretendientes, se dan cuenta de que no es fácil "encontrar a la pareja ideal", y entonces hasta reconsideran tener lo que ya tenían, y creen notar que ahora que llamó el ex por algo de los hijos, "pareció amable y querendón". Y fantasean: "y si volviera a salir con él o ella... por mis hijos..." (En estos casos los padres también utilizan a los hijos para enviarse mensajes.)

Algunos adolescentes, cuando su madre se vuelve a casar, caen en el juego de su padre biológico que sigue celoso y resentido porque no ha logrado separarse y soltar la relación; y por ello, no acepta a la nueva pareja de la madre y habla mal, a los hijos, de este hombre. Les dice a los chicos que ya no le importan a su madre (en realidad él siente que él es el que ya no le importa a la ex esposa y lo proyecta en sus hijos). Les dice que ella prefiere a su nuevo esposo y así hace que ellos se sientan celosos y posesivos con su madre y groseros y agresivos con la pareja. Si desatan la agresión sólo en su fantasía no hay tanto problema; sólo tendrán una relación distante por un tiempo, pero si la actúan, tendrá consecuencias.

❖

Cuando una persona ha logrado superar el miedo a estar solo o sola tiene más posibilidades de elegir mejor a su pareja y de saber cuándo es el mejor tiempo para tenerla, pues no lo hace para cubrir su miedo a la soledad.

Otros, por el temor a estar solos, detienen la partida de los hijos para que ellos se queden a cuidarlos y a acompañarlos. Y esto es una manera de utilizarlos. Muchas veces hacen sentir a las hijas como si fueran fracasadas, las descalifican por todo y las critican de manera que merman su autoestima para que así no puedan irse de su lado, haciéndolas dependientes; les mandan el mensaje "tú sola no puedes, necesitas estar con tu mamacita que te resuelve tus problemas; serías incapaz de hacerlo sola". Esto genera mucha agresión en las hijas que tienen que reprimirse porque no tienen manera de expresarla en la casa, al menos directamente.

En muchos casos, cuando estas mujeres logran establecer una relación de pareja, parece que lo hacen con vocación de enfermeras: se quedan con su cónyuge aunque éste sea alcohólico o mantenga con ellas una relación enferma en la que sufren maltrato físico o emocional. Sienten que no hay otra alternativa, ya que su autoestima está por los suelos y creen que nadie será capaz de quererlas y aceptarlas con todas las limitaciones que tienen, según les han dicho sus propios padres.

Por ejemplo, cualquiera de los padres, en su afán enfermo de luchar contra el cónyuge, pone al niño en situaciones extremadamente difíciles:

Se trata de un padre que pierde la custodia de su hijo de seis años por ser un hombre con conductas paranoides extremas (conflictivo, peleonero, difícil, ausente), la madre decide permitirle salir por la tarde con su hijo (aunque él no tenía permitido salir con el niño, porque a éste lo angustiaban las conductas del padre y no confiaba en que lo regresaría con su madre).

Pero la madre le permite llevarse al niño bajo el razonamiento de que "es para que no pierda la relación con el padre". Pero cuando el niño está con el padre, él le dice al niño que vive con su madre porque ella se lo robó, y que también le robó su casa, el coche, y que ahora él es pobre y la madre rica. El niño regresa a su casa cargado de tensión, contaminado por las mentiras de este padre (muy enfermo mentalmente hablando), el cual por supuesto, además de no colaborar en la manutención del menor, lo regresa con todo y ropa sucia (la que usó el fin de semana que estuvo con su padre), para "que se la lave su madre". La madre, al permitir esto de manera pasiva, no está protegiendo al niño de la patología mental del padre. Haberse separado fue un gran avance, pero no es suficiente si ella sostiene esta situación.

En terapia se puede ayudar al niño para que aprenda a manejar la patología del padre y además se puede orientar a la madre para que aprenda a amortiguar la tensión que recae en el menor y así protegerlo. Este hombre no aceptaba que la mujer lo hubiera dejado y quería presionarla por medio del niño para volver; pero era tal su ceguera mental que ocasionaba lo opuesto, pues ni el niño ni la madre querían saber de él; más aún, temían estar cerca de él. Esto produce un gran desgaste en todos los integrantes de la familia que repercute en el area escolar y laboral de todos. Aunque esto se podría manejar en psicoterapia, este tipo de padres difícilmente se acercan al consultorio a pedir asesoría.

## Cómo tratar a los hijos de nuestra nueva pareja

Los hijos son muy importantes. Sobre todo al principio de la relación, la nueva pareja debe tratar de evitar ponerse en contra de los hijos de su cónyuge pues esa unión de sangre es muy fuerte y si lo hiciera, correría el riesgo de quedarse fuera de la relación familiar que apenas intenta formar. Conforme pasa el tiempo, los integrantes de la nueva pareja se conocen más y se tienen mayor confianza, pueden ir hablando temas como la diferente educación o costumbres; y si cada uno lo hace con el tacto necesario, serán mejor aceptados los comentarios o sugerencias por la pareja. Pero siempre será tema álgido. Por eso la premisa de que la pareja es primero. La pareja deberá estar fuertemente cimentada y ambos permitir el tiempo necesario para ir abordando estos temas de los hijos ajenos cuando surjan y con el tacto conveniente. Es importante ser muy prudente.

Los límites, necesarios en los casos de rompimiento de las reglas de la casa, debe ponerlos el padre o madre biológico a su hijo porque así serán mejor aceptados; y ha de marcarlos sin dilación, porque si dejara pasar inadvertido el caso generaría mucho coraje y resentimiento en el cónyuge. Además, el padre o madre solapador del hijo que rompe los límites, corre el riesgo de quedarse sin pareja pero con su hijito sobreprotegido.

Ante los pleitos o molestias ocasionadas por la convivencia entre las dos familias ahora en el rematrimonio como si fueran dos equipos de diferente educación y costumbres, cuando el "niño o niña" de la pareja se comporta de manera difícil, y su padre o madre correspondiente no "lo mete al aro", la nueva pareja no podrá evitar preguntarse constantemente "cuándo crecerá el querubín, se casará y se irá a formar su propia familia a la ciudad vecina", o también pensará seriamente que la alternativa de "vivir en dos casas pudiera resultar maravillosa".

Si uno se atreviera a molestarse con el querubín, inmediatamente saltaría "la leona o el león" (madre o padre del hijo en cuestión) y la estabilidad de la pareja sufriría un embate. En este momento puede surgir la duda de si uno escogió bien, o su expectativa fue la equivocada o quizás funcionen como pareja pero viviendo cada quien en su casa; y no viviendo juntos en este momento en que los hijos todavía están presentes.

Como dijimos antes, los hijos pequeños se adaptan más fácilmente a la nueva pareja que cuando son adolescentes. Estos hijos mayores viven como rival al intruso, por lo que con facilidad pueden externar comentarios que les hace su padre biológico en relación a la nueva pareja, con el fin de desestabilizarla.

Con los adolescentes lo mejor es la distancia, y aun así hay roces; pero serán menores. Y por supuesto que una vez que uno detecta su funcionamiento como "hijo bomba", debe hablar con ellos y conscientizarlos del papel que están jugando. En términos generales, si tienen una buena relación con el padre o madre que habla con ellos, se darán cuenta y pondrán remedio al asunto.

❊ ❖ ❊ ❖

Vivian tiene un hijo de 17 años y otro de 12. Divorciada hace 3 años, tiene novio, Raúl, a quien, cuando la relación se estabilizó, presentó con los jóvenes. Éstos, al principio, estaban un poco indiferentes. Cuando Raúl les ofrecía algún detalle, siempre lo rechazaban; si un día compraba una charola de pan, no lo comían porque venía de él.

Aunque Vivian y Raúl acostumbraban salir dos veces por semana con los hijos, decidió suspender los paseos con el novio, porque cada vez que salían, si él sugeria: "Vamos a la pizza", los hijos decían: "No, vamos a las hamburguesas", y si él hubiera recomendado "hamburguesas", ellos habrían pedido: "tacos".

Luego, Vivian empezó a volver a salir con Raúl y sin los hijos, o con éstos pero sin él. Sentía que su vida estaba muy complicada y dividida, y decidió terminar con Raúl, pues consideraba imposible casarse y vivir juntos. Me consultó para terminarlo adecuadamente. En las sesiones vimos que, para Vivian había sólo dos opciones: se casaban y vivían juntos, o terminaba con él.

Platicamos acerca de otras posibilidades para la relación. Podían, por ejemplo, formar pareja y cada uno vivir en su respectiva casa, sobre todo mientras los hijos adolescentes siguen en la casa familiar con ella. Más tarde, irán a estudiar a otra ciudad o a vivir solos cuando empiecen a trabajar y ganar dinero.

Como pareja que se permite la cercanía y la entrega, aunque no vivan juntos se sienten acompañados. En realidad lo están: son una pareja.

Recomendé a Raúl que cuando visitase a Vivian en su casa y cenara ahí con ella y los hijos, fuera cortés pero indiferente, que no pareciera deseaba ganárselos, como antes hacía, ni creyera que tendría funciones paternales. Esto lo alivió de ciertas cargas que creía tener. Además, los chicos tenían un padre que los veía dos veces al año, porque radicaba en Estados Unidos.

Dije a Vivian que debía hablar con los hijos y exigirles respeto para Raúl en todo momento. Nunca los forzaron a estar con la pareja. A la hora de la comida, los invitaban a sentarse todos juntos, en un momento totalmente respetuoso y cordial. Si alguno estaba de mal humor porque le había ido mal en la escuela, se le daba la oportunidad de tomar los alimentos después o en su recámara, o en el cuarto de televisión, pero de ninguna manera se le permitía convivir con todos si tenía "jeta" por asuntos ajenos a los demás. Si el chico no podía controlarse, no se sentaría a la mesa.

Como los hijos salían a casa de familiares o amigos durante un fin de semana al mes, Raúl y Vivian podían pasar juntos libremente esos días en casa. Decidieron estar en la de él, donde los hijos no aparecerían "por el balón de futbol olvidado", un posible pretexto para ir a ver qué hacía mamá o, por parte del ex, para irrumpir la intimidad de la pareja, que se quedó sola, de luna de miel, sin los hijos.

La pareja empezó a disfrutar de sus tiempos y espacios sin tener que esperar a que los hijos se casaran. De haber hecho lo segundo, cuando llegara ese momento Vivian estaría resentida con la vida, con los hijos, frustrada y deprimida. En este caso, afortunadamente, ella y Raúl se atrevieron a vivir esos momentos para sí, solos. De paso, los hijos se les han acercado poco a poco y les piden que los incluyan en alguno de sus planes.

## La pareja es primero

El éxito del rematrimonio se basa en que: la pareja es la prioridad. Cuando hay hijos, siempre habrá problemas de lealtad. Si él o ella da la preferencia a sus propios hijos en alguna situación por encima de su pareja, ésta se sentirá desplazada, no tomada en cuenta, enojada. Algunas veces la pareja "cobra esa factura" de diferentes formas y llega a alterar la relación.

Había un caso donde la madre sentía que había vivido de manera tranquila con su hijo único de siete años, que era un niño bastante difícil debido a que ella no lo disciplinaba pensando que había sufrido mucho con el divorcio. Casada nuevamente, piensa que su nuevo cónyuge, que vive "con ellos", (o sea es el extraño que se agregó a la familia) la pone en situaciones complicadas cuando le exige que ponga límites al pequeño tirano. El nuevo esposo siente que la esposa desearía que hasta jugara con el hijito, pero el hombre no lo soporta porque es muy grosero. Además, la mujer lo mete en un conflicto de lealtad porque él no juega ni con sus hijos: "que ni lo piense". "Sentiría que traiciono a los míos, como si fuera farol de la calle y oscuridad de mi casa."

Al niño también se le presenta el conflicto de lealtad cuando se da cuenta que está queriendo al nuevo esposo de mamá y que además le cae bien y disfruta su compañía, su plática, su juego; y de repente cuando todo va muy bien, empieza a mostrarse enojado, con cara de pocos amigos, sin razón aparente, "para que vea que no lo quiero y que no quiero acercarme a él". "Yo sólo quiero a mi papi."

En la relación de pareja es importante que exista la confianza, la entrega, la lealtad y el amor. Uno debe tener su propio espacio y permitir que la pareja tenga el suyo; por eso la confianza en el otro es vital. Conocí una pareja en la que cuando la mujer estaba hablando con sus hijos, bajaba la voz o cambiaba el tema cuando él se acercaba. Ella hacía eso para mandarle el mensaje de que ella y sus hijos eran un equipo y él podría pertenecer a otro, pero a este todavía no. En realidad hacía eso por el miedo a entregarse a la relación de pareja que tenía, a causa de sus fracasos anteriores; y al mismo tiempo trataba de dar a los hijos la seguridad de que ella los quería y no los abandonaría por el rematrimonio. Qué ironía: lo que ella temía, una nueva ruptura, la estaba sembrando en vez de solidificar la relación de pareja; esto se puede trabajar y prever en la terapia.

Al principio, la relación de pareja de rematrimonio parece el juego de doña Blanca, donde tomándose de las manos hacen una unión para que no entre "el jicotillo", o sea la contaminación externa, representada por los hijos, la familia, el trabajo, los amigos, hobbys, envidias, chismes, rumores, agresiones o dinero.

La familia externa, sin tener una mala intención, puede desbalancear fácilmente a la nueva pareja recién formada que además se establece con temor fundamentado en la experiencia anterior. Cuando la pareja está iniciando esta nueva relación, revitalizados, entusiastas, socializan con amigos, los cuales se ven confrontados en su propia relación y pueden sentir envidia y ganas de sabotear la "espléndida" nueva relación de sus amigos, de manera inconsciente.

❖

Al vivir con una pareja, tenemos la oportunidad de que nos señale nuestros defectos y cualidades, porque en la convivencia nos acercamos a la distancia que podemos manejar y en ella nos podemos ir conociendo uno al otro a través del espejo en que se convierte nuestra pareja. Nos conocemos a través de los ojos del otro.

En el rematrimonio, después de haber tenido ya la experiencia de vivir en pareja y ver que las expectativas ideales no necesariamente se cumplen, ahora tenemos la oportunidad de vivir de forma más realista y aprovechar lo que el cónyuge observa y nos dice. Es usar a la pareja, en el buen sentido, como espejo para conocernos mejor a nosotros mismos.

La pareja que guarda silencio no nos confronta, no nos permite aprovechar esa oportunidad de conocernos, pero ¿por qué guarda silencio? ¿Porque nosotros no estamos listos para oir lo que nos puede decir? ¿O tiene miedo de nuestra reacción?

Pudiera ser que sin darse cuenta, uno de los integrantes esté muy enojado por cosas que han pasado y como no se atreven a hablarlo "se lo cobran al otro por abajo del agua " y se bloquea la posibilidad de aprovechar los señalamientos del otro. Es muy importante estar conscientes de los resentimientos, no permitir que se acumulen, tratar de hablarlos y si de plano no se puede porque nuestros intentos terminan en pleito cerrado en que cada uno defiende el "tener la razón", pues hay que buscar ayuda profesional para que los resentimientos no destruyan la relación; y hacerlo antes de que sea demasiado tarde.

En el rematrimonio, uno puede intentar conocerse por la mirada del otro, o escoger vivir en pareja a cierta distancia, donde se ponen reglas sobre qué se vale y qué no.

Es importante la manera de decirle al otro lo que descubrimos de él o de ella, y el momento en que le decimos nuestro hallazgo para que lo acepte. ¿Y si no lo acepta? Quiere decir que no tiene la capacidad de enfrentarlo, suponiendo que nuestro señalamiento sea cierto. ¿Cuánto tiempo vamos a poder vivir así? Otras veces necesitamos que el otro se dé cuenta de que nosotros tenemos la razón. ¿Cómo vamos a manejar esto? ¿Se volverá una lucha de poder?

En el rematrimonio existe una situación similar a la edípica; los hijos resienten esa vida "privada de los padres", donde están excluidos igual que en la fase edípica. Ésta es una etapa que viven los niños y niñas entre los tres y los cinco años de edad y consiste en una atraccion del niño hacia el padre del sexo opuesto y una rivalidad con el padre del mismo sexo. En este caso, los hijos sienten una rivalidad hacia la nueva pareja de papá o mamá porque sienten que se los quita. Además, resulta menos amenazante portarse groseros o agresivos con la nueva "figura paterna" que con los verdaderos progenitores.

Ellos pueden intentar sabotear la relación moviendo la culpa en los padres, por ejemplo, por no dedicarles el tiempo que ellos desearían. Pero cuando los padres les piden a los hijos que estén en familia y ellos dan prioridad a sus asuntos, ahí no hay culpa ni problema, ellos quieren que los papás estén presentes cuando ellos quieren y que no estén cuando ellos tienen otra cosa que hacer.

La familia puede llegar a un acuerdo, programar un tiempo para compartir, un determinado día para comer o para hacer algo sin que necesariamente sea un día fijo por ejemplo: "mañana me gustaría comer contigo o con ustedes; ¿cómo andan de tiempo?" Lo anterior depende de la edad de los chicos, aunque en este caso me refiero a adolescentes, pero se aplica a todos. También puede decirse: "mañana quiero que vayamos a comer hamburguesas; ¿qué les parece?" De esta manera, busca un tiempo para darle atención a los asuntos que los hijos quieran plantear y procura el espacio para tal efecto.

Cuando los padres sienten culpa por que los hijos pasan malos momentos en el transcurso del divorcio, (además de que los hijos tratan de manipular) pueden autosabotearse y perjudicar la relación con la nueva pareja. Esto, a su vez, producirá más culpa en los hijos.

Hay tiempo para la pareja y tiempo para compartir con los hijos; así, la pareja podrá salir con todos los hijos o cada padre con sus hijos o las combinaciones que a cada uno se le ocurra. Ella debe permitir que su cónyuge tenga esos momentos para brindar al hijo la oportunidad de expresar en confianza sus pensamientos o preocupaciones, y conocer los suyos. Ninguno de los dos tiene que sentirse desplazado por estos momentos; si así fuera, deberá revisar si su pareja, al reunirse con sus hijos biológicos, hace o dice algo que le provoque este sentimiento.

Por ejemplo, si le transmite que todavía no está bien separado de la relación anterior o sea del ex cónyuge, es como si dijera: "estamos reunidos en familia y tú todavía eres el extraño". Esto también ocurre cuando la misma persona tiene miedo de intimar más en la relación con su nueva pareja, o cuando el que es "dejado fuera" se siente inseguro y trata de controlar lo que pasa en la reunión: tal vez se siente amenazado porque no tiene control de la misma. Pero, ¿por qué tiene que controlar la situación? Esta persona tiene que revisar esto y no tomar el camino fácil de culpar al otro.

La velocidad con que responde cada integrante de la pareja es diferente, y esto también puede dañar la relación. Ambos deben estar conscientes de ello y aceptarlo; pensar que los dos están bien, pero que son diferentes y funcionan a velocidades distintas; generalmente uno responde más lento y el otro es más rápido; a éste, la pareja lo siente apresurado, acelerado y al otro lento y desesperante. Esto puede provocar coraje y desesperación en el de velocidad más acelerada, lo que resulta en un ataque a la autoestima del más lento, al cual considera poco capaz y torpe; y el más lento piensa que el otro es un impulsivo, apresurado y desesperado.

Aunado a lo anterior, vemos que hay diferentes etapas de desarrollo dentro de la misma pareja. La persona más desarrollada deberá comprender y tener tolerancia con las reacciones del otro, no tomándolas de forma personal, sino viéndolas como esfuerzos que está haciendo para desarrollarse, aunque algunas veces le parezcan raros o primitivos.

Por supuesto que uno tiene el deber y el derecho de hablarlo con el cónyuge y mostrarle cómo ve las cosas, de manera que pueda darle otro punto de vista. Uno no debe sentir que es el que posee la verdad, porque el que está realmente más desarrollado no necesita eso.

Para la pareja es muy importante la formación previa, los valores, las experiencias. Esto es independiente de si sus padres se divorciaron o forman un matrimonio tradicional, ya que en cualquier caso podría haber una historia de valores o de ausencia de éstos.

El paso del tiempo en la pareja es como subir una escalera: se empieza por lograr el respeto a uno mismo y después el respeto a la pareja, siendo siempre honestos uno con el otro. Uno sube peldaño por peldaño, y tiene que seguir avanzando paso a paso.

## Cómo asegurar una relación sólida

- Respetar a la pareja; ayudarle en todo lo posible; ser cariñoso con ella; demostrarle afecto como un ejercicio diario, hará que la pareja florezca.
- Ser bondadosos uno con el otro.
- Manejar cada quien su tiempo y su propio espacio.
- Tener pasatiempos para cada uno, y otros que puedan compartir.
- No verse demasiado: cada pareja sentirá que quiere decir algo más, según el momento que estén atravesando ambos o cada uno. Darse la oportunidad de extrañar, desear al otro.
- Un principio en la pintura, también respetado por las empresas a nivel organizacional, dice: "lo que está bien

ya no lo toques, sólo corrige lo que está mal". Esto es aplicable a la pareja: sólo conviene tratar de arreglar lo que no funciona.

- Hay diferentes maneras de resolver un conflicto; todo depende del grado de madurez de cada uno de los miembros de la pareja, y de las características de ésta: el momento, la edad y sus experiencias anteriores.
- Poder comunicarse entre los dos, soltar el problema y no dejarlo crecer, es vital, pero no todo mundo es capaz de hacerlo. Entonces es necesario revisar qué nos detiene para hacerlo.
- Una pareja flexible se mueve, ante situaciones diversas, a distancias diferentes.

Una de las ilusiones que jamás se realizarán en el rematrimonio es ver otra vez a la familia original junta. Ahora la familia es ésta; es una familia diferente, compuesta por diversos elementos que la harán única. En la medida en que la familia y la pareja acepten esta realidad, podrán manejar las nuevas situaciones que se les irán presentando. No se trata de la reconstrucción de la familia, sino de construir otra con elementos diferentes, personajes distintos, y otros espacios.

Por ejemplo, hay que aprender a disfrutar los momentos felices con los hijos de la pareja sin añorar o sufrir porque los propios no estén. Hay que aprender a estar en la intimidad con los hijos acercando a la pareja, invitándola a participar y aceptando la distancia que para él o ella sea cómoda, o que en ese momento pueda manejar.

Repito: la familia jamás volverá a ser como antes y en la medida en que los miembros acepten esto podrán ser felices y disfrutar en la nueva familia de rematrimonio.

Después de tantos problemas que llevaron a la separación, ¿quién quiere que la familia sea como la de antes o volver a estar en esa?

Vivamos con ilusión esta nueva oportunidad.

# 9
# Viudez

Un viudo o viuda (usaré indistintamente masculino o femenino, sabiendo que cualquiera de las circunstancias que mencionaré se le pueden presentar tanto a un hombre como a una mujer), es una persona que ha perdido a su pareja. Esta pérdida puede suceder acualquier edad —hay viudas de 70 años de edad y también de 30. Sin embargo, hay una diferencia en cuanto al futuro de cada una de estas situaciones.

Algunas viudas de mayor edad quizás han perdido a su pareja después de una larga enfermedad, y este es un tiempo que las puede preparar para la pérdida, y después de un periódo depresivo y doloroso también pueden sentir un descanso de la situación tensa que vivieron, en la que intentaron hacer todo por la pareja y en que lo acompañaron y de quien se despidieron varias veces.

Estas personas pueden, en el mejor de los casos, y después de trabajar el duelo, la pérdida, empezar a gozar du su independencia; pueden visitar, si los hay, a los hijos que viven fuera; pueden viajar, asistir a clases de manualidades, tratar de vivir una nueva etapa.

Sin embargo, no siempre ocurre así. Otras personas, que no tienen un proyecto personal, se convierten en carga para los hijos. Pueden sentirse vìctimas y manipular los sentimientos de culpa de los seres queridos.

Hay también personas que quedan viudas repentinamente por un accidente, lo cual, por lo inesperado y violento de la situación, resulta muy traumático y difícil de aceptar.

Así como las personas enfrentamos de diferente manera las diferentes etapas de la vida —niñez, adolescencia, adultez— así, cada quien enfrenta de diferente forma la viudez.

La viudez nos enfrenta con una pérdida definitiva e irreversible. Varios autores, entre los que está la doctora Ellizabeth Kübler Ross, mencionan diferentes reacciones por las que pasamos ante una pérdida de esta naturaleza:

**Shock y negación:** Reconocemos la muerte pero todavía no la integramos definitivamente a nuestra realidad. Todavía no lo podemos creer.

**Confusión:** La mente se llena de pensamientos confusos, decisiones que hay que tomar, indecisiones.

**Descarga emocional:** Es caracterizada por lágrimas, arrebatos, explosiones. Nos preocupa que nos vean perder el control que siempre hemos tenido.

**Coraje:** Pensamientos y conducta de enojo.

**Culpa:** Recriminaciones por eventos del pasado, asuntos no terminados, "si hubiera hecho", "si le hubiera dicho"...

**Depresión y aislamiento:** Tristeza, poco interés en el mundo y en la gente que nos rodea. La depresión muchas veces marca el comienzo de la aceptación de la realidad y el nuevo estilo de vida.

**Recuperación:** Es la última etapa, donde hay una aceptación, y la persona viuda empieza a funcionar de manera independiente y a hacer una nueva vida.

Todas estas etapas en conjunto pueden durar un año, más o menos, pero por supuesto que cada caso y circunstancias son diferentes y pueden durar un poco más.

Las personas que se mantienen ocupadas y tienen una actitud positiva se recuperan más fácilmente.

Después de que la persona viuda pasa esta difícil etapa que implica dolor, tristeza, lágrimas, coraje y depresión, empieza a tomar decisiones sobre su nuevo estilo de vida. Aquí encontramos múltiples diferencias, pues no es lo mismo para una mujer quedar viuda con la situación económica resuelta para ella y sus hijos, que quedar con deudas o con la necesidad de abandonar, por ejemplo, los estudios para trabajar y sobrevivir, y esto es tan importante que puede marcar las futuras elecciones de la pareja, tanto de la viuda, sus hijos adolescentes tuvieron que empezar a trabajar; posteriormente, una de las hijas se casó (muy joven, a los 23 años) con un hombre divorciado de 50 años, evidentemente buscando la seguridad que su padre, por morir, dejó de darle.

Las lágrimas de las viudas pueden ser de diferentes tipos: de tristeza, de frustración y desesperanza, de autocompasión o de coraje. Pero, de cualquier manera, son un mecanismo que sirve para sacar lo que no debe estar dentro de uno. Y un día uno se da cuenta de que ya no está llorando como lo hacía antes.

Sentirse solo, sola, hace parecer al mundo externo como amenazante; y muchas personas viudas refieren tener miedos. Unos son imaginarios y otros reales. Muchas veces se sienten inseguros, por ejemplo, en la cuestión económica; aunque nunca antes se hubieran preocupado por el dinero, ahora se sienten pobres y quieren guardar todo para el futuro, o ajustan los gastos, reducen el presupuesto. También se sienten inseguros para realizar actividades que antes podían hacer —ahora dudan de su competencia. En el caso de las mujeres, muchas de sus preocupaciones financieras son reales, porque se van dando cuenta de cuánta gene intenta abusar de una mujer sola.

Con el tiempo llega un momento en que la viuda considera si debe seguir usando el anillo de bodas. Por un lado, puede pensar que ese objeto tienen mucho significado para ella; por ejemplo, que su corazón todavía está con su amado; o que seguirá siendo tratada como "señora"; o lo usa por costumbre y se sentiría rara sin él; o lo siente como protección. Pero por otro lado, piensa que lo podría dejar de usar porque realmente ya no está casada; porque está lista para una nueva vida y quizás para una nueva pareja. Quitárselo, en realidad no significa que esté buscando pareja, sino simplemente que ya no está casada. Finalmente, quitarse el anillo la confronta con la aceptación de que la pareja ya murió, ya no está más con ella. Otras personas se quitan el anillo pero lo usan de diferentes formas, como por ejemplo, en una cadena al cuello. En realidad, quitarse el anillo o seguir usándolo, es una decisión muy personal.

Empezar a salir con otras personas es otra etapa por la que hay que pasar. ¿Recuerda el lector sus primeras citas? Ahora ha pasado tiempo y las cosas son diferentes. usted ha cambiado. Entrar nuevamente al mundo romántico toma tiempo: primero debemos tener claro que el ser amado no vive más en la realidad actual y se ha transformado en un bonito recuerdo. Hay que vivir con la nueva identidad independiente para relacionarse con la nueva persona, separada ya del recuerdo del amado o amada.

La manera más fácil y segura es empezar a tener amigos del sexo opuesto pero sólo tenerlos como amigos: o salir con algunos con quienes uno comparte actividades o intereses comunes; esto brinda la oportunidad de conocer gente y sentirse poco a poco más a gusto y al mismo tiempo lo prepara para atreverse, más adelante, a tener citas más formales. Siempre es importante tener estas experiencias antes de pensar en un rematrimonio.

Rematrimonio puede ser una de las elecciones, pero es igualmente sano decidir no casarse. Es un mito que uno tenga que casarse para ser feliz. Muchas personas viudas tienen una vida plena y gratificante sin volver a casarse. Es importante sentirse libre para decidir casarse nuevamente o no hacerlo. Uno pude encontrar la felicidad, ya sea dentro del matrimonio o fuera de él.

Pero si decide entrar en un rematrimonio, hay varios ingredientes necesarios para tener éxito. Además de que las dos personas deben estar razonablemente sanas física, emocional, mental y espiritualmente, deben compartir intereses y valores; tener la capacidad de comunicación entre ellos.

Lo más importante es haber resuelto el duelo por la pérdida de la pareja, porque de no hacerlo, serían "tres en la cama", "en el comedor", "en la sala", "en la vida" y eso definitivamente implicaría un mal pronóstico para la relación.

Sin la motivación para el rematrimonio es combatir o tapar el miedo a la soledad, el resultado no será muy bueno. Hay personas que entran al rematrimonio por el miedo a morirse en soledad; lo que buscan es un acompañante. Lo vemos muchas veces en personas de mayor edad que buscan a una persona muy joven a quien atraen quizás con dinero o comodidades, como si fuera un pacto de acompañarse; más parece que la persona mayor está garantizando tener quién la cuide, "quien le cierre los ojos"; parece un pacto conveniente para ambos.

## Independencia

La mujer parece tolerar más la soledad que el hombre. La mujer que tiene poryecto de vida es más independiente. Siente que su vida está llena en ese sentido y la fortalece para salir adelante; muchas veces no abriga siquiera la idea de vivir con alguien: "que flojera (pereza)", dice. "Conseguir una nueva pareja que te limite, que no te deje salir, es ir para atrás".

La presencia de hijos y nietos es un factor importante que cubre otra parte del tiempo y proporciona compañía y entretenimiento pero es necesario respetar siempre los espacios mutuos. Si hay hijos, es importante darse el tiempo necesario para considerar la decisión del rematrimonio, pues hay que decidir el lugar donde quieren vivir, las finanzas y un sinnúmero de situaciones.

Esta vez eres más maduro o madura, tienes más experiencia y eres más sabio o sabia que la última vez que decidiste casarte.

Diferencias en el rematrimonio entre viudas y divorciadas:

Las divorciadas saben del coraje, la culpa, el rechazo, los actos de moral baja, pero no saben de una pérdida irreparable.

En la viudez no hubo pleito de separación y la casual es muy clara.

La viuda, en la mayoría de los casos, es víctima de los acontecimientos, mientras que la divorciada ha contribuido a su situación. En el divorcio, uno se puede dar el lujo de elegir si continúa o no, mientras que en la viudez no ocurre eso.

Gloria, una joven viuda dice: "si era buen marido lo lloras; si era mal marido, qué bueno que ya se murió, y no hubo batalla campal que es tan desgastante".

Las viudas dicen que las parejas que piensan en divorciarse, que ya no se soportan, se pelean por cosas sin importancia; si conocieran la viudez verían lo que es una pérdida irreparable y muy dura.

Para la viuda, la persona más importante en su vida ya no esta aquí. Perdió el amor y la compañía de la persona con quien ha compartido gran parte de su vida. Perdió status social y económico, siente que el futuro ya no tiene sentido, no da crédito a lo que le ha pasado, no lo acepta y se pregunta ¿por qué a mí? Y no hay respuesta.

Aunque algunos autores pueden poner a las viudas y a las divorciadas en el mismo capítulo "como mujeres solas o solteras nuevamente", la verdad es que son mundos muy diferentes.

Marta Felber menciona que tener una ayuda psicoterapéutica es muy conveniente, sobre todo si la persona todavía siente que tiene conflictos no resueltos con su relación apenas terminada con su ser querido; o si tiene sentimientos intensos de coraje y culpa que no puede expresar o resolver; o si pierde el contacto con el mundo externo aislándose mucho; o si tiene consumo mayor de alcohol o drogas, insomnio, pérdida o aumento de peso considerable, si mantiene todavía los objetos de su ser querido puestos en la casa; si no tiene alguna persona con quien compartir su pena.

Si el lector o lectora se reconoce en alguna de estas descripciones, no dude y busque ayuda, esto es un signo de fuerza, no de debilidad.

Uno piensa que nunca se va a recuperar de la pérdida —algunos dentro de la desesperación llegaron a pensar hasta en el suicidio— pero sepa que uno se recupera. La doctora Joyce Brothers, después de recuperarse de la muerte de su esposo, que era médico y murió de cáncer por su intenso habito de fumar, decía: "yo salí del tunel de la depresión a la luz. La vida es mejor. No es la misma pero es buena y cada vez se va mejorando. Todavía hay lágrimas pero ahora son mas suaves y dulces. Todavía hay soledad pero no la soledad agonizante y desesperante que tuve el año pasado. Ahora sé que hay un futuro, debo mirar adelante, no atrás. Mi trabajo lo encuentro estimulante otra vez. Y cuando pienso en mi esposo lo hago con una sonrisa, ya no con lágrimas, él me dejó muchos recuerdos bonitos que me acompañarán el resto de mi vida.

# 10
# Psicoterapia

La psicoterapia es el tratamiento que nos ayuda a enfrentar los problemas de índole emocional, en donde una persona rigurosamente entrenada, establece deliberadamente una relación profesional con el paciente con el propósito de quitar, modificar o atenuar los síntomas existentes o los trastornos de conducta anómalos, promoviendo un desarrollo positivo de la personalidad.

La psicoterapia ayuda a los adultos involucrados en un divorcio a revisar su situación actual de divorciantes, a manejar sus expectativas, su depresión, su autoestima; y de manera muy importante, su rabia y coraje: les ayuda a no proyectarla sobre el ex cónyuge, sus hijos, u otras personas, les enseña a hacerse cargo de ella entendiendo qué pasó en ese matrimonio y por qué terminó. Asimismo les ayuda, en la medida en que estén dispuestos, a abrir los ojos para ver qué sigue, pues la vida sigue; lo único que terminó fue esa relación de pareja. Aunque en estos momentos las personas pueden sentirse tan solas que les cueste trabajo vislumbrar que hay un mañana soleado.

Si bien éste es un tema de suma importancia, también lo es el pensar en que los niños pueden necesitar ayuda profesional, y dedicaré el resto de este breve capítulo a ahondar sobre el tema.

## La psicoterapia y los hijos

El divorcio de los padres representa una experiencia a largo plazo que afecta profundamente el crecimiento emocional de los hijos.

La disolución marital es uno de los acontecimientos más severos que se presentan en la vida de los niños. Tiene un potencial importante para producir efectos psicológicos negativos en todos los individuos involucrados en la crisis. A diferencia de otros eventos difíciles de la vida como pudiera ser la pérdida de un trabajo, de un ser querido, de una propiedad después de un desastre, en donde hay una reacción limitada en tiempo, la reacción a la disolución marital se extiende durante un período de tiempo prolongado en el cual se engendran otros factores que provocan tensión.

A los niños que viven la experiencia del divorcio les va peor cuando alrededor de la separación hay gran discordia marital, hostilidad o violencia, ya que ésta los daña sensiblemente. Creo que, como en el futbol americano, deberíamos tener presente la regla de "No a la violencia innecesaria" entre los padres.

Rutter menciona que la discordia daña más a los niños que la misma ruptura, y esto se corrobora con los resultados de estudios que dicen que en los divorcios donde la armonía se restaura rápidamente hay menos problemas de delincuencia que en los casos donde hay muchas peleas y rechazo. Por eso recomendaríamos soltar lo más pronto posible al cónyuge del cual nos estamos divorciando, con la ayuda profesional necesaria.

Se ha reportado que los niños cuyos padres se divorcian sufren gran cantidad de problemas cognitivos, afectivos, de conducta y psicofisiológicos. Pueden experimentar culpa y sentirse diferentes a sus compañeros y se vuelven muy sensibles a las señales de rechazo. Disminuyen las conductas prosociales y aumentan los actos sin pensar (*acting out*) y la agresión abierta. Su rendimiento académico se ve afectado por la angustia, y por sus preocupaciones, que hacen que disminuya su atención, y al mismo tiempo presenten conductas "para hacerse notar" que interfieren con el rendimiento escolar. Muchos de los adolescentes pueden involucrarse en drogas, alcohol o actividades antisociales como pandillas, e incluso robos.

Casi todos los niños que viven esta experiencia están molestos por el rompimiento de su familia y muestran reacciones de tristeza, coraje, regresión, depresión, sentimientos de privación e inseguridad y conflictos emocionales cuyas manifestaciones abiertas incluyen problemas de conducta, sintomatología psicofisiológica (alteraciones somáticas por causas psicológicas, como gastritis, úlcera, dificultad para respirar, palpitaciones, dolor de cabeza, dermatitis, etcétera) o síntomas específicos como la enuresis (mojar la cama).

Durante el período de hostilidad incontrolada que generalmente acompaña al proceso de la ruptura marital, los padres, al intentar defenderse a sí mismos, atacan al otro. En medio de este torbellino de la separación, aun los padres más cariñosos descuidan las necesidades de sus hijos y éstos se sienten no atendidos.

❖

Cuando los padres buscan ayuda profesional este mismo fenómeno puede ocurrirle al terapeuta que, al meterse en el material de los adultos, puede descuidar la situación por la que están pasando los niños.

Los padres dan versiones diferentes, generalmente el padre abandonador describe que los niños están bien, mientras que el esposo abandonado menciona que los niños la están pasando muy mal. El papel del psiquiatra de niños es tener una visión más objetiva de la manera como están reaccionando los niños al estrés de la separación.

Todos los niños en el curso de su crecimiento se enfrentan con tensiones como alguna enfermedad, algún accidente, el nacimiento de un nuevo bebé, un cambio de casa o escuela o las inevitables demandas propias de su crecimiento y desarrollo para lograr el autocontrol y la madurez. Ante estas tensiones, los niños pueden responder con ciertos trastornos temporales como mojar la cama, hacer berrinches, tener pesadillas o miedos exagerados.

Sólo ante tensiones abrumadoras es cuando el chico puede presentar dificultades serias.

El divorcio de los padres entraría a formar parte de estas situaciones vitales críticas, donde además el chico se siente desprotegido, ya que los padres están demasiado ocupados para atender sus señales de angustia.

El divorcio es una experiencia impactante para todos los involucrados; para los padres representa el final de muchos sueños y aspiraciones; para los niños puede ser como el fin del mundo.

Al estudiar el divorcio desde hace varios años, he observado que los hijos de padres divorciados tienden a caer más fácilmente dentro de los cuadros diagnósticos de la psicopatología infantil y, cuando crecen, presentan una mayor tendencia al divorcio.

El manejo de estos casos es difícil porque uno se enfrenta a la tristeza, a la sensación de inseguridad e impotencia de un niño, por esta dolorosa vivencia. Uno comparte con él la depresión que sufre al pasar por una experiencia tan fuerte como ésta.

El rematrimonio puede ser la gran oportunidad para que los niños crean en la pareja, ya que muchas veces la única experiencia que han vivido es una relación de pareja conflictiva. Cuando no hay una buena elección de pareja en el rematrimonio, ellos tendrán la firme creencia de que la relación adecuada de pareja no es posible... Y temerán involucrarse ellos mismos, cuando sean mayores, en una relación de pareja.

Cuando tratamos a los niños en terapia tenemos varias metas a trabajar. Les enseñamos que se puede hablar de lo que pasa en su familia y que son entendidos. Que lo que sucede en este momento en sus relaciones familiares no representa lo que pasa en todas las relaciones personales, que hay otras experiencias diferentes y más positivas que pueden ser posibles entre las personas.

Se les ayuda a desarrollar un concepto adecuado de ellos mismos, es decir que se trabaja con su autoestima, y se les guía hacia un mejor establecimiento de relaciones interpersonales gracias a que se les hace conscientes de sus sentimientos (por ejemplo, sentirse diferentes, o víctimas; o el coraje). Se les ayuda a que no manipulen la situación sintiéndose perdedores, porque si creen que así ganan beneficios, tratarán de continuar en ese esquema toda su vida y se relacionarán con una pareja que los verá como víctimas a las que hay que ayudar. Sobra decir que esa no es una manera sana de relacionarse.

Se les ayuda a tener un mejor entendimiento psicológico de ellos mismos y de los otros. Que, según su edad, entiendan el conflicto parental y el papel que cada uno de sus padres juega y que ellos no se involucren ni se dejen involucrar. Deben encontrar en el terapeuta una figura adulta confiable y benevolente que les ayude a restaurar la confianza en ellos mismos y en los adultos.

Por supuesto que hay unos niños frágiles y otros más fuertes para salir avantes de estos difíciles momentos y hay otros niños que lamentablemente ya estaban dañados y el problema de la ruptura marital aumenta su problemática al cargarlos de más presiones que no pueden manejar, ya que están menos dotados de defensas para manejar la angustiante situación donde sienten que no tienen bases sólidas ni soportes adecuados.

❖

Muchos padres necesitan una ayuda para saber guiar a sus hijos en estos momentos, y para tener mejores respuestas ante su ruptura marital, para que ésta no repercuta negativamente en sus hijos. Entonces se programan sesiones con el padre y la madre por separado (o juntos, cuando esto es posible) para trabajar en equipo con el terapeuta, siempre en beneficio de los hijos y bajo la aclaración de que el terapeuta juega un papel neutral.

Por lo tanto, buscar ayuda profesional es una buena idea para resolver a fondo el conflicto generado por el divorcio y salir avantes para una nueva experiencia positiva.

La elección del terapeuta es muy importante. Yo recomendaría que fuera un terapeuta que, habiendo pasado por una experiencia de divorcio, la haya superado y se haya rematrimoniado. No recomendaría a un terapeuta divorciado o sin pareja porque las necesidades afectivas del paciente en este momento son muy grandes y pareciendo un ser vulnerable, pone a prueba al terapeuta, que si no tiene sus necesidades afectivas y sexuales satisfechas podría involucrarse con su paciente, lo que no sería de ayuda para ninguno de los dos.

## La paz interior

Al casarnos de nuevo, nos enfrentamos con la posibilidad de repetir pautas anteriores, lo cual sería caer en "volver a casarse" pero también al entrar en un rematrimonio se nos presenta una nueva oportunidad para vivir felices en pareja, que deberíamos de aprovechar.

La vida no brinda muchas oportunidades, así que intentar aprovechar esta oportunidad de tener otra vez una vida en pareja y lograr la felicidad que se nos ha negado en las relaciones anteriores o que nosotros no hemos sido capaces de alcanzar. Es todo un reto.

Por supuesto, hay varios requisitos para lograrlo. El principal es conocerse a sí mismo; esto es básico para tener la paz interna necesaria para establecer relaciones interpersonales adecuadas y para relacionarnos con el mundo externo sin expectativas irreales, sabiendo quiénes somos, qué queremos, a dónde queremos llegar, a dónde vamos, qué esperamos de nuestra relación de pareja y cómo nos vemos en ella –es decir, qué estamos dispuestos a dar. Tener claros estos puntos, nuestras cualidades y nuestras deficiencias o características difíciles, nos facilita una mejor elección. Ya no la hacemos por necesidad de compañía, de que nos hagan las labores de la casa o nos mantengan, sino porque queremos compartir con alguien nuestro camino.

La fuerza para el cambio está dentro de nosotros mismos; sólo debemos saber cómo hacer contacto con esa parte. La meditación y la terapia son caminos que ayudan a lograrlo.

El propósito de la meditación es permitirnos el acceso a la luz interior, al lugar de la unión con el ser, donde abundan el amor, la sabiduría, el éxtasis. Es un ámbito donde vivimos sin que nos sujeten las ataduras del afán mundano. "No meditamos sólo para relajarnos un poco y sentir algo de paz –dice Swami Muktananda–; meditamos para desplegar nuestro ser interior."

Para Jung y sus seguidores la psicoterapia constituye un ritual de renovación que nos permite acercar e integrar en la consciencia la personalidad de la sombra (lo inconsciente), reducir su potencial inhibidor o destructor y liberar la energía positiva de la vida que se halla atrapada en ella. Afrontar la sombra es un secreto individual equiparable al de experimentar a Dios, una experiencia tan poderosa que puede transformar completamente la vida de una persona.

Entre más cerca estemos de tener un profundo conocimiento de las experiencias pasadas y del porqué de nuestro divorcio, ese conocimiento nos protegerá de repetir lo que no funciona en la siguiente experiencia de pareja.

No funciona echarle la culpa al otro, ni tomar decisiones precipitadas. Es importante tener un tiempo de duelo y revisar estos asuntos en terapia, es decir, no sólo mientras pasa el proceso de divorcio, sino también en un momento posterior de reflexión. Pueden pasar de seis meses a tres años para salir del caos del divorcio y de uno a cinco para estabilizarse nuevamente.

Si a un niño se le va una canica a la alcantarilla, llora, se enoja y hace el duelo. No sólo la repone, como el adulto. Casarse para reponer a la pareja o para reponer el status es un error que cuesta muy caro.

La vida es un constante aprender. Es como un libro donde se van escribiendo los diferentes capítulos; a veces tenemos un capítulo de suspenso, otro romántico, otro de terror, y así sucesivamente hasta llegar al desenlace lógico. Si vemos los diferentes capítulos de nuestra vida como los diferentes episodios de una novela, podríamos adivinar el final. En terapia tenemos la posibilidad de explorar que hay otras opciones, tenemos la oportunidad de cambiar el final.

Generalmente no nos preparan para enfrentar esta oportunidad, vamos aprendiendo poco a poco con las experiencias y es un aprendizaje duro.

Al tener consciencia (a través del tratamiento) podremos caminar las etapas de mejor forma y podremos acompañar, guiar a nuestros hijos, más fácilmente. Podremos enseñarles que en lugar de verse como perdedores o víctimas de las batallas de sus padres por la custodia y el divorcio, ellos surgirán como ganadores al haber encontrado (los padres) una solución a la vida que tenían.

Espero que haya quedado muy claro que las expectativas que tenemos al entrar en el primer matrimonio las vamos a tener nuevamente al entrar en un segundo matrimonio, porque es el único tipo de relación que conocemos; pero las cosas no funcionan así, con el mismo molde; la realidad es totalmente diferente, y pagando el precio de la decepción aprendemos que casarse por primera vez o casarse por isegunda son experiencias totalmente diferentes.

Tener un nivel de consciencia más desarrollado hace la gran diferencia. Jung decía: "lo que no se hace consciente se manifiesta en nuestras vidas como destino".

Sé feliz con lo que tienes.
Aprende a disfrutarlo
y no vivas deseando lo que no tienes.

Dios, la vida, la energía, la naturaleza o aquello en lo que tú creas es muy sabio y muy grande. Gracias al desarrollo personal que uno logra mediante la psicoterapia, la meditación y las experiencias, y cuando uno aprende a observar la sabiduría de la vida, a captar los mensajes que siempre están presentes (aunque uno generalmente no los percibe), uno sólo puede llegar a la conclusión de que Él sabe lo que hace, por qué y para qué, en relación a que nosotros mismos nos desarrollamos.

❖

"El respeto al derecho ajeno es la paz." Esta frase es tan verdadera y llena de sabiduría, que nos invita a reflexionar al respecto. Cuántas veces hemos escuchado: "no hagas al otro lo que no quieres que te hagan a ti". Si lo aplicamos en nuestra vida, gratamente notaremos que funciona y que sin darnos cuenta nos lleva a vivir con tranquilidad interior y más tolerancia.

❖

Si una de las metas de la vida es lograr la felicidad, sí es posible vivir feliz. Al obtener la consciencia, uno se vuelve el amo de su propia vida.

Al principio de mis estudios creía que hay modos de funcionamiento que uno puede cambiar, y que hay otros que con mucha suerte sólo se podrían controlar –pero no cambiar. Ahora sé con certeza que uno puede cambiar todo lo que uno realmente quiere, si al mismo tiempo se encuentra en el momento adecuado (*timing*, en inglés) para poder hacerlo.

Pero como no siempre encontramos esa oportunidad, debemos aceptar que hay cosas que no podemos cambiar y que debemos vivir y convivir con ellas, porque así somos. Y sólo nos queda tratar de controlar esa conducta que nos perjudica.

La vida no da muchas oportunidades, así que cuando tenemos una enfrente, más vale aprovecharla. El rematrimonio es una de ellas, y día con día tenemos que disfrutarla, sin esperar que sea "para toda la vida" como nos dijeron en el primer matrimonio. Tenemos que vivir cada día intensamente.

En una ocasión, estando en un bonito restaurante tomando el café en una área acogedora, con un tapete grueso de colores vivos a nuestros pies, cómodamente sentados en unos deliciosos sillones que combinaban con el tapete, sintiendo el frío de la noche y observando la chimenea encendida, mi esposa me dijo: "...recordé cuando era niña y deseaba que mi mejor amiga se convirtiera en mi hermana para que así pudiéramos vivir juntas y prolongar para siempre los buenos momentos que pasábamos..."

"Para mí, vivir contigo es eso, como vivir con 'mi mejor amigo', con quien disfruto mucho estar juntos, dormir juntos, amarnos; tener permiso para vivir uno al lado del otro el camino de la vida, donde puedo ser yo, donde puedes ser tú, y al mismo tiempo estar juntos..."

Uno tiene que aprender a ser uno mismo dentro o fuera de una relación de pareja.

Lo único peor que una separación
es una mala relación.

Ve al encuentro con amor.

## Sobre el autor

Alfonso L. Escamilla es médico cirujano, egresado de la Universidad Nacional Autónoma de México. Ha realizado estudios de especialización en las siguientes áreas: Psiquiatría General, en el Hospital Central Militar; Psiquiatría Infantil y de la Adolescencia, en el departamento de Psiquiatría, Psicología y Salud Mental en la Facultad de Medicina de la UNAM; Psicoanálisis en el Instituto de Psicoanálisis de la Asociación Psicoanalítica Mexicana, y Terapia de Pareja en la Asociación Mexicana de Terapia de Pareja.

Es socio fundador de la Asociación Mexicana de Psiquiatría Infantil, y su representante en el Estado de Morelos. También es miembro de la American Academy of Child and Adolescent Psychiatry; presidente fundador de la Asociación Morelense de ex Alumnos de la UNAM; fue secretario del Colegio de Médicos del Estado de Morelos y vicepresidente del Colegio de Psiquiatría del Estado de Morelos. Ha sido recertificado como especialista en psiquiatría de adultos, y en psiquiatría de niños y adolescentes por el Consejo Mexicano de Psiquiatría.

Autor de diversos artículos y conferencias, y ha participado en congresos nacionales e internacionales. Actualmente ofrece consultas tanto en Cuernavaca, Morelos, como en la ciudad de México. Además, apoya la protección del medio ambiente y de los animales salvajes en peligro de extinción; gusta del deporte y ha incorporado a su vida la práctica de la meditación, porque también admira la sabiduría oriental.

❖ ❖ ❖

Si deseas obtener más información sobre este tema, intercambiar puntos de vista u obtener asesoría con el autor, puedes escribirle a:

ascamil@cableonline.com.mx

Esta obra se terminó de imprimir
en noviembre de 2005, en los talleres de
*IREMA, S.A. de C.V.*
*Oculistas No. 43, Col. Sifón*
*C.P. 09400, Iztapalapa, D.F.*